Reinold Louis   Wolfgang Oelsner

DER WILLIAMSBAU
1947 bis 1956

Reinold Louis   Wolfgang Oelsner

DER WILLIAMSBAU
1947 bis 1956

Erinnerungen an ein Zentrum
Kölner Unterhaltungskultur

„Weil jet Spass brudnüdig es"

marzellen
verlag köln

„Der Williamsbau 1947 bis 1956 –
Erinnerungen an ein Zentrum Kölner Unterhaltungskultur"
1. Auflage, Köln, 2018

Band 5 der
Große Kölner Edition

herausgegeben von der
Große Kölner Karnevalsgesellschaft e.V. 1882

Bisher erschienen:

Band 1: **Aus meinen versammelten Werken** – Us minger Gedanke-Werkstatt
Zum 50. Todesjahr von Albrecht Bodde
ISBN 978-3-937795-20-1

Band 2: **Von Alaaf bis Zölibat** – Das satirische Lexikon rheinischer Lebensart
ISBN 978-3-937795-29-4

Band 3: **Karneval zwischen Tradition und Kommerz** – Kulturerbe als Chance?
ISBN 978-3-937795-32-4

Band 4: **Große Kölner Geschichte(n)**
ISBN 978-3-937795-45-4

Band 5: **Der Williamsbau 1947 bis 1956**
ISBN 978-3-937795-53-9

Bibliografische Information der Deutschen Nationalbibliothek
Die Deutsche Nationalbibliothek verzeichnet diese Publikation
in der Deutschen Nationalbibliografie;
detaillierte bibliografische Daten sind im Internet
über http://dnb.ddb.de abrufbar.

© 2018 Marzellen Verlag GmbH, Köln
Umschlaggestaltung: Frank Tewes, Köln
Satz/Layout: Marzellen Verlag GmbH, Heike Reinarz, Köln
Druck: Theiss Druck GmbH, Österreich
Alle Rechte vorbehalten.
Printed in Austria.
ISBN 978-3-937795-53-9

www.marzellen-verlag.de

MIT FREUNDLICHER UNTERSTÜTZUNG VON

Inhalt

8 EINLEITUNG
8 Der Williamsbau – Unterhaltungskultur in schwierigsten Zeiten. Ein Überblick

13 NEUBEGINN IM TRÜMMERSCHUTT
Eine Spurensuche
13 Sehnsucht nach Kultur
16 Die Situation 1947. Innenschau eines Zeitgenossen
19 „Weil jet Spass brudnüdig es!" – „Der Mensch lebt nicht vom Brot allein"
23 Der Bau: Architektur – Architekt – Lage
26 Ein Anfang in „materiellen und geistigen Trümmern"
31 Nachhaltige Bedeutung für den Karneval

36 VERANSTALTUNGEN IM WILLIAMSBAU 1947-1956
Eine Chronik
37 Vorbemerkung
38 25. Juli 1947: Eröffnung mit vielen Reden
38 Veranstaltungen 1947
44 Veranstaltungen 1948
65 Veranstaltungen 1949
82 Veranstaltungen 1950
92 Veranstaltungen 1951
96 Veranstaltungen 1952
110 Veranstaltungen 1953
123 Veranstaltungen 1954
130 Veranstaltungen 1955
136 Veranstaltungen 1956
140 Quellenangaben

143 CAROLA WILLIAMS – IHR FELD WAR DIE WELT
   **Leidenschaft für den Circus* und eine Liebe für Köln –
   Ein Lebensbild**
   144   Spross der Zirkusdynastie Althoff
   145   Ehe mit Harry Williams,
         Familiengründung und Schicksalsschlag
   151   Auf Erfolgstournee durch Europa
   152   Abschiedstournee in Köln-Deutz 1968
   154   Mäzenatin und Grande Dame in Köln
   158   Jeanette – Caroline – Dominik: die nächsten Generationen

161 DIE STELE AUF DER GRÜNEN WIESE
   **Ein Beitrag zur Kölner Erinnerungskultur –
   Chronologie einer Aktion**
   161   Impuls in der Hauptstadt und eine Kindheitserinnerung
   163   Flitter und Glimmer – Boten der „Anderswelt"
   165   Ein eingespieltes Duo wird zum Quartett
   167   Politik und Verwaltung werden Verbündete
   170   Handfeste Handwerker
   171   Es ist soweit: Sonntag, 6. Mai 2018
   171   Matinee in der Volksbühne wird zur „Herzens-Gala"
   176   Enthüllungen auf grüner Wiese mit
             Cheerleader, Geißbock un Sunnesching
   182   Nie abgeschlossene Geschichte

183 AUTORENPORTRAITS
184 BILDNACHWEIS

---

* Im Text werden sich beide Schreibweisen finden: „Circus" und „Zirkus". Geschuldet ist dies einer Zitattreue gegenüber verschiedenen Quellen, Plakaten, Programmen sowie Eigendarstellungen der Zirkuswelt.

Einleitung

Der Williamsbau – Unterhaltungskultur in schwierigsten Zeiten. Ein Überblick

Köln 1947. Der Krieg ist seit zwei Jahren beendet. Menschen kommen aus der Evakuierung, kommen aus der Gefangenschaft in ihre Stadt zurück, hausen in Kellerlöchern. Dat ahle Kölle wird über Feldbahnschienen in Loren entsorgt: Schutt für elf „Trümmerberge".

Einen dieser Hügel nennen sie „Aachener Berg"; er liegt im Inneren Grüngürtel an der Südseite des Aachener Weihers, heute eine begehrte Grill- und Liegewiese – für die hageren Überlebenden im Sommer 1947 ein unvorstellbares Bild. Deren Sehnsuchtsort lag gegenüber – an der Nordseite des Weihers – an der Aachener Straße, etwa 800 Schritte vom Rudolfplatz entfernt.

Maggeln, Kompensieren, Hamstern sind die Begriffe der Zeit. Leben in „Trizonesien". Zigaretten werden zur Währung, denn die D-Mark gibt es noch nicht. Auch noch keine Bundesrepublik Deutschland. Aber es gibt Sehnsucht nach Kultur. Nicht nur nach jener, die „die hohe" genannt wird. Graue Zeiten wollen auch Flitter und Illusionen. Die schüren die Hoffnung. Entbehrung und Zerstörung müssen nicht ewig bleiben, es lohnt durchzuhalten. Der Mensch lebt eben nicht vom Brot allein. Och jet Spass es brudnüdig!

Hinter der Bahnüberführung – stadtauswärts am „Aachener Tor" – blinken die Lichter einer anderen Welt. Einer bunten Welt. Sie versprechen Unterhaltung und Spannung. Wer kann, hat sich für sie fein gemacht. Viel Selbstgenähtes ist dabei, und es ist egal, wenn durch den eingefärbten Stoff noch ein „PW", „prisoner of war", schimmert. Jetzt ist man frei, hat überlebt, auch die Unterernährung und Extremkälte des letzten Winters überstanden. Nun ist man angekommen in der Welt des Lachens, des schönen Scheins, des Vergessenkönnens. Angekommen im Williamsbau.

Eine Dimension zwischen Gürzenich und Sporthalle

Vom Sommer 1947 bis Frühjahr 1956 wird der halbfeste Bau des Circus Williams im Winkel von Aachener- und Innere Kanalstraße zum Zentrum Kölner Populärkultur. Errichtet wird die bis zu 2500 Besucher fassende Veranstaltungsstätte als Winterquartier für den Circus. „Auf Mist gebaut", wie im „Kölner Liederschatz" augenzwinkernd angemerkt wird: düngekräftige Elefantenköttel im Tausch gegen Baumaterial, an das sonst kaum heranzukommen ist. Überdies hat Zirkusdirektor Harry Williams einen britischen Pass. Das war bei der englischen Besatzungsmacht kein Nachteil.

Als Harry im Januar 1951 an den Folgen eines Artistenunfalls stirbt, übernimmt seine Ehefrau die Direktion. Carola Williams stammt aus der rheinischen Zirkus-Dynastie Althoff und hat ein großes Herz für Köln, seine Menschen und Feste. Sie stellt Pferde und Elefanten für den Rosenmontagszug ab. Drängendes Problem sind fehlende Veranstaltungssäle in der Stadt. Da bietet sich das Winterquartier an, wenn der Circus über Monate auf Tournee ist.

Grosse Namen, grosse Programme

Auf Jahre wird nun der Williamsbau an der Aachener Straße gesellschaftliches Zentrum der Stadt. In Operetteninszenierungen wie die „Czárdásfürstin" singt und tanzt Filmstar Marika Rökk. Tausende Kinder sehen hier Märchenspiele. Die kleine Lotti Krekel wird von ihrer Schauspiellehrerin für die Produktion von „Peterchens Mondfahrt" als Elfe vermittelt. Kölns Boxerlegende Peter „die Aap" Müller fightet hier. Lionel Hampton, Louis Armstrong und ihre international renommierten Bands begeistern das Nachkriegspublikum mit Jazz und Swing. Kontrastprogramme nach Jahren der Marschmusik. Auch politische Kundgebungen sieht der Ort. Konrad Adenauer spricht vor dem Mittelstandsblock. Gustav Heinemann, der spätere Bundespräsident, wettert gegen die Gründung einer Bundeswehr in der jungen Republik. Und natürlich gastiert auch der Circus hin und wieder im Bau, der seinen Namen trägt.

In der Karnevalszeit koordiniert Jean Küster, Präsident der „Lyskircher Junge", alle Termine. Prächtig ist der Williamsbau dann ausgeschmückt, besonders bei den Proklamationen. Von 1949 bis 1956 finden sie hier statt, ehe sie 1957 in die Messehalle und ab 1959 dauerhaft in den Gürzenich wechseln können. Aus dem Zirkusbau werden die Mainzer Hofsänger (!) erstmals live im noch jungen Medium Fernsehen übertragen, während Ludwig Sebus als Nachwuchssänger reüssiert und Hans Süper mit seinem Bruder „Charly" als „Zwei Schnürreme" einen Vorgeschmack auf ein Duo-Genre gibt, das später als Colonia-Duett Millionen begeistern wird.

Ungeahnt nachhaltig wird auch eine freundliche Geste von Carola Williams im Februar 1950. Da feiert in ihrem Haus ein zwei Jahre zuvor gegründeter Fußballclub Karneval. Keck nennt er sich „der Erste". Da können die einen Glücksbringer brauchen. Die Prinzipalin schenkt ihn in Gestalt eines jungen Ziegenbocks. Als Geißbock „Hennes" ziert er bald das Vereinswappen und bleibt bis heute Maskottchen und Werbeträger im millionenschweren Merchandising.

Die Proklamation 1956 wird noch festlich im Williamsbau begangen, dann steht sein Abriss bevor. Die Nachkriegsprovisorien im Inneren Grüngürtel waren den städtischen Grünverwaltern schon länger ein Dorn im Auge. Der Beigeordnete Dr. Kleppe plädierte vor der Stadtverordnetenversammlung am 17. Juni 1952: „Der Innere Grüngürtel

könnte unsere schönste Anlage sein und zum Beispiel für Ehrenfeld, aber auch für die Neustadt als Erholungsgebiet dienen. Leider ist er in der Kriegs- und Nachkriegszeit so verdorben worden, dass wir jahrelang kämpfen müssen, um dieses schöne Gebiet wieder in Ordnung zu bringen. Wir schlagen Ihnen deshalb auch vor, mit allen Mitteln zu versuchen, diesen Inneren Grüngürtel von den dort befindlichen Gewerbebetrieben, Wohnbauten usw. freizumachen. Selbstverständlich ist, dass die Wohnwagen herausmüssen."

Im Jahresbericht des Garten- und Friedhofsamts 1956 ist dann zu lesen: „Nachdem nun das bisher vom Zirkus Williams beanspruchte Gelände frei wird, kann die Ausgestaltung der Fläche zwischen Aachener Straße, Vogelsanger Straße und Innere Kanalstraße mit Grünanlagen und Sportplätzen vorbereitet werden" (S. 152). Glaubt man einem Zeitungsbericht, dann war dieses Areal auch wohl mal für die Gestaltung der Bundesgartenschau 1957 angedacht worden. Für den Circus selber war ein Standortwechsel ohnehin beschlossen. Mitte 1956 verlegte Williams das Winterquartier ins Rechtsrheinische an die Neufelder Straße. Dort hat heute „Circus Roncalli" sein Domizil. Der Williamsbau wurde abgetragen. Spurenlos. Möge dieses Buch die Erinnerung an ihn und seine Bedeutung in bewegter Zeit festhalten.

      Reinold Louis   Wolfgang Oelsner
            Köln, im November 2018

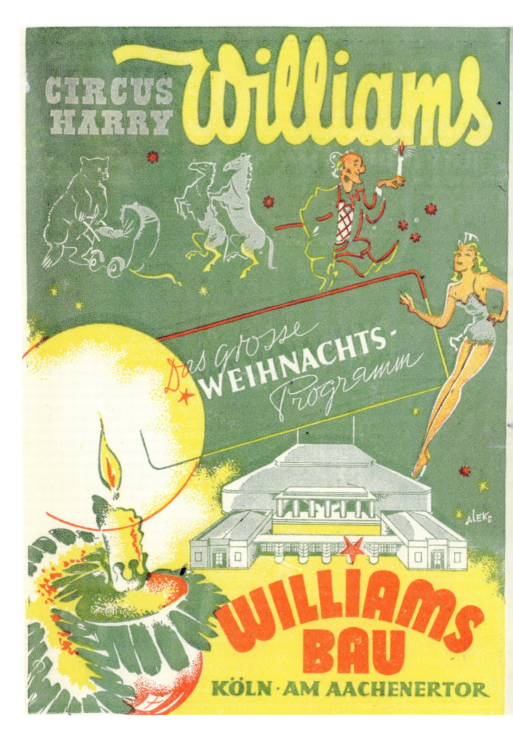

Neubeginn im Trümmerschutt
Eine Spurensuche von Wolfgang Oelsner

Sehnsucht nach Kultur

Tauchen wir ein in die Zeit, als auf der grünen Wiese – genau vis-à-vis dem Trümmerberg am Aachener Weiher – die Zirkusprinzipalen Harry und Carola Williams vom Kölner Architekten Wilhelm Koep das halbfeste Veranstaltungsrund errichten ließen. Von seinem Fassungsvermögen, das bis zu zweieinhalbtausend Besuchern Platz bot, sollten mehrere Unterhaltungssparten profitieren.

Der Karneval war nicht der einzige Nutznießer. Und um keinen einseitigen Eindruck entstehen zu lassen: Die Karnevalisten waren auch nicht die ersten, die mit dem Wiederaufbau des kulturellen Lebens in Köln begannen. Schon am 17. August 1945 eröffneten die Städtischen Bühnen die erste Nachkriegsspielzeit mit Felix Mendelssohns „Sommernachtstraum".[1] Ausweichort für das zerstörte Opernhaus am Rudolfplatz war die fast eineinhalbtausend Menschen fassende Aula der Kölner Universität. Bis zur Fertigstellung des heutigen Opernhauses am

---

[1] *Die Städt. Bühnen konnten nach Ende der ersten Spielzeit im August 1946 über 410 000 Besucher nachweisen.*

Offenbachplatz 1957 sollte sie Kölns Kulturzentrum bleiben. Im Hörsaal I fand übrigens zeitweilig auch das Hänneschen-Theater Unterschlupf. Die Millowitsch-Bühne hingegen konnte schon im August 1945 den Spielbetrieb im eigenen Haus aufnehmen.

Für das Volksfest Karneval, das im Ehrenamt organisiert wird, war es noch ein besonderer Angang, sich in jenen Zeiten zurückzumelden. Das Sitzungsprotokoll der ersten Zusammenkunft von 24 Männern am 14. 9. 1946, Vertreter von acht führenden Karnevalsgesellschaften, beginnt dann auch mit einem emotionalen Appell: „Materielle und geistige Trümmer sind die Hinterlassenschaften des verlorenen Krieges. Unser einst so schönes Köln wurde restlos in Trümmer gelegt und damit ging neben anderen schönen Volksbräuchen auch unser einzig dastehender ‚Kölsche Fastelovend' unter. Diesen neu entstehen zu lassen, muss Aufgabe jeden alten Kölners sein."

Im Januar 1947 kommen die Repräsentanten erneut zusammen und konstituieren sich als „Festausschuss Kölner Karneval". Ein halbes Jahr später, am 1. Juli 1947, gut drei Wochen vor der Williamsbau-Eröffnung, bestimmt der Ausschuss den in Sürth wohnhaften Peter Horatz, Mitglied der Ehrengarde, zu seinem Archivar. Offensichtlich war es dessen Eigeninitiative, eine wortwörtlich empfundene „Chronistenpflicht" (von einer Beauftragung ist jedenfalls nichts zu erfahren), die ihn veranlasste, einen Bericht über die aktuelle Situation der Stadt und ihr größtes Fest zu verfassen. Er bringt ihn mitten in der ersten Session der neuen Organisaton, am 1. 2. 1948, zu Papier. Es war ein Tag, der politisch aufgeladen war, wie wir aus seinem Text noch erfahren werden.

Es ist hier nicht von Belang, jede Detailangabe von Mengen und Zahlen in seiner Niederschrift nachzuprüfen. Es geht um die Dimension von Not und Knappheit, die er schildert. Und die ist historisch hinreichend belegt. Es ist eine Innenschau aus dem organisierten Karneval, die in ihrer Authentizität anrührt. Sie gibt Zeugnis davon, wie Bürger die Lage ihrer Stadt und ihres Landes, von dem sie nicht mal wissen konnten, wie es heißen sollte, einschätzten. Und welche Hoffnung sie in das Wiedererwachen ihres Festes Karneval setzten. Der physischen Vernichtung sollte keine seelische folgen.

Der Originaltext von Peter Horatz füllt zwei DIN-A4 Seiten. Sie sind mit der Schreibmaschine von Rand zu Rand vollbeschrieben, Blatt eins von oben bis unten, Blatt zwei zu Zweidrittel. Der Zeilenabstand ist einzeilig eng, Unterteilungsabschnitte wurden extrem spärlich gemacht.

Für unsere, von großzügigen Layouts verwöhnten Augen eine Zumutung. Wer das ästhetisch abqualifiziert, hat die Zeit nicht verstanden.

Heute kaum vorstellbar ist die damalige Papierknappheit. Nicht nur Zuckerrationen für die Herstellung von Kamellen mussten mit der Militärregierung ausgehandelt werden, auch die „Papiergestellung" war ein Thema, bevor an Druckwerke zu denken war. Beispielsweise heißt es zur Idee, im Jubiläumsjahr 1948 („125 Jahre Festkomitee/Festausschuss Kölner Karneval") eine Festschrift erscheinen zu lassen: „Für die Beschaffung des notwendigen Papiers sollen sofort entsprechende Schritte unternommen werden" (Protokoll vom 15.3.1947). Wer die besagte Festschrift heute mal in die Hände bekommt – im Archiv oder Antiquariat – wird förmlich noch fühlen können, dass Lumpen und Holz Grundsubstanzen zur Papierherstellung sind.

Knappheit diszipliniert. Der Kostbarkeit von Schreibpapier ist auch wohl zuzuschreiben, dass die eng beschriebenen Blätter kaum Spuren von Schreibkorrekturen aufweisen. Ob Radieren (mit Messer oder Rasierklingen) oder „Tipp-Ex" – das Durchschlagpapier entlarvt jeden im Original gemachten „Vertipper". Die sind bei Archivar Horatz kaum festzustellen. Auch ganz gewöhnliche Sitzungsprotokolle jener Zeit zeugen von der Konzentration auf eine möglichst fehlerfreie Maschinenschrift, mit Durchschlag auf hauchdünnem, federleichtem Papier oder auch auf Rückseiten von bereits beschriebenem.

Papier war Mangelware. Der „Kölner Fastnachtsspiegel", das Jubiläumsbuch zum 125-jährigen Bestehen des Festausschuss Kölner Karneval, erscheint 1948 auf stark holzigem Papier, unbebildert, aber liebevoll aufgemacht.

Die Situation 1947
Innenschau eines Zeitgenossen

Hier also die Situationsbeschreibung des Festausschuss Archivars Peter Horatz[2]:

WIRTSCHAFTLICHER BERICHT ÜBER DAS JAHR 1947

Das Jahr 1947 war das bisher schlimmste Jahr, welches wir erlebt haben! Die große Trockenheit des Sommers brachte eine vollständige Missernte, da buchstäblich alles in Feld und Garten verdorrt war. Schon im Monat Juni gab es kein Gemüse und keine Kartoffeln mehr, und das frische Obst mit seinem Minderertrag konnte uns mühsam über den Sommer retten. Das Frühobst wie Stachel-, Johannis- und Erdbeeren blieb fast vollständig aus! Die Frühkartoffeln waren, an Zweiwachs leidend, eine vollständige Missernte und kamen wie bereits gebraten aus der Erde. Der Mangel an Kartoffeln und Gemüse gestattete keine Ansammlung von Wintervorräten. Die Brotrationen wurden auf 3 Pfund pro Woche herabgesetzt, wobei das Brot mit Maismehl noch gestreckt werden musste. So gingen wir recht schlecht versorgt in den Winter 1947/48 hinein.

Ja, das in so geringen Mengen zugeteilte Fett und Fleisch konnte wochenlang aus Mangel nicht ausgeteilt werden. Die Kohlenversorgung war mehr als unzureichend, denn jeden Monat gab es für zwei Personen nur einen Zentner Brikett. Unsicherheit und Diebstahl griffen über, auf den Feldern wie auf den Straßen. Erst Ende Januar konnten 100 Pfund Kartoffeln für eine Person als Winterbedarf ausgeliefert werden.

Auf den Straßen werden die Leute ihrer Kleider und Schuhe wegen überfallen und beraubt. Bei dieser schlechten Versorgung gibt es nunmehr (Januar/ Februar 48) nur 4 Pfund Brot pro Woche, 250 Gramm Nährmittel, kein Fleisch oder Fett. Die augenblickliche Kalorienzahl ist 1275 pro Tag. Dabei soll ein Mensch, der aber nicht arbeitet, nach ärztlicher Berechnung pro Tag 3000 Kalorien erhalten um lebensfähig zu bleiben.

---

[2] *Die Rechtschreibung wurde heutigen Regeln angepasst, kleinere Fehler in Orthografie und Grammatik korrigiert. Auch wurden der besseren Lesbarkeit wegen Abschnitte eingezogen.*

Ein Unglück kommt ja selten allein, und so hatten wir am 30. 12. 47 bis 3. 1. 48 ein Hochwasser, wie es selten gewesen ist, und einen Rheinstand von 9,42 mtr.[3] Dies hatte eine Unterbrechung des Verkehrs und einen bedeutenden Verlust an Lebensmitteln im Kölner Hafen zur Folge, teils dadurch verursacht, dass wüste Spekulanten und Schwarzhändler damit ihre Schiebungen und Veruntreuungen verdecken wollten. Die Korruption ist ebenso groß, dass man es vorzieht, große Mengen an Lebensmitteln verderben zu lassen, als sie der so arg hungernden Bevölkerung zu geben. Am 18. 1. 48 hatten wir nochmals eine Hochwasserschwelle von der gleichen Mächtigkeit. Diebstahl, Raub, Schleich- und Schwarzhandel stehen in höchster Blüte und die Preise steigen ins Ungemessene.

Die Saalnot ist groß! Wir haben den Bau des Zirkus Williams an der Aachener Straße mit 1600 Plätzen[4], die Sporthalle an der Dreikönigenstraße mit 1200, den Atlantiksaal mit 450, das Imperial an der Ehrenstraße mit 400, das Millowitschtheater mit 350 und den Agnessaal mit 250 Plätzen zur Verfügung, und erst seit 1. 1. 48 die Musikhochschule mit 400 Sitzgelegenheiten.

Wein, Bier, Schnaps und Rauchwaren sind nur zu Fantasiepreisen zu erhaschen. Einige Preise: ¼ ltr. gutes, vollgütiges Bier kostet 6,- Mk., ein Gläschen Schnaps 12,-, eine Tasse Bohnenkaffee 14,-, eine Flasche Wein kostet 60,- bis 70,- Mk. und eine Flasche Sekt 250,- Mk. Dass sich nur der Gutbemittelte die Teilnahme am Karneval leisten kann ist einleuchtend, und die breite Masse der Bürger steht verzagend und entsagend dabei und muss auch noch das vaterstädtische Fest entbehren.

Trotzdem ist die Zahl der gemeldeten Veranstaltungen der dem Festausschuss des Kölner Karnevals angeschlossenen Gesellschaften[5] über 96 an der Zahl[6]. Und alle Veranstaltungen waren schon tagelang vorher ausverkauft und nachher überfüllt.

---

[3] *Einen Pegelstand von 10,48 m gibt die Köln-Chronik für den 2.1.48 an. Zwei Monate zuvor, am 4.11.47, wurde noch der „bisher niedrigste Wasserstand gemessen"*

[4] *Vmtl. ist hiermit das Fassungsvermögen bei Zirkusveranstaltungen gemeint, wenn die Manege nicht bestuhlt war.*

[5] *Rund 30 Gesellschaften gab es.*

[6] *Davon fanden 11 im Williamsbau statt: 2 x Festausschuss, 2 x Rote Funken, 2 x Gr. Kölner, 1 x Altstädter, 1 x Prinzengarde alleine, 1 x PG gemeinsam mit Ehrengarde , 2 x Lyskircher. Laut Festausschuss-Plan ist die Große Kölner KG die erste Gesellschaft, die im Williamsbau eine Sitzung veranstaltete.*

Eine prächtig dekorierte Gegenwelt zur grauen Wirklichkeit bot das 2500 Menschen fassende Rund im Williamsbau.

In der Zwischenzeit verschärfte sich die Lebensmittelnot und so kam es am 19. 1. 48 zu einem allgemeinen Streik, der sich am 21. 1. 48 auf den ganzen Kölner Bezirk ausweitete. Das Verlangen der Arbeiter geht dahin, dass die Regierung die Not sofort behebt oder aber unverzüglich zurücktritt, ansonsten ein Generalstreik zum 2. 2. 48 angedroht ist. Wie das nun noch auslaufen wird, ist zur Stunde noch unübersichtlich.[7]

---

[7] Eine Konsequenz – aber deren Wirkung sollte sich noch bis zur Jahresmitte 1948 hinziehen – waren die Zuweisungen von CARE-Paketen aus den USA.

„Weil jet Spass brudnüdig es!"
„Der Mensch lebt nicht vom Brot allein"

Unterbrechen wir den wackeren Chronisten an dieser Stelle für einen Zwischenruf. Für Kölner ist es vielleicht nicht sonderlich bemerkenswert, aber ein Auswärtiger dürfte sich wohl wundern, wie unvermittelt der Chronist den Blick von der allgemeinen Notlage auf den Karneval schwenkt. Nach Schilderung von Dürre, Hochwasser, Lebensmittelunterversorgung, von Gefahren durch Korruption und Raub widmet er sich nun nicht weiteren Problemen der Zivilgesellschaft. Denkbar wären ja Themen wie Verkehr, Bildung, Heimkehr von Kriegsgefangenen oder Zusammenführungen von Familien. Nein, er fällt mit einem neuen Thema wie mit der Tür ins Haus und kommt ohne jegliche Überleitung mit der Klage: „Die Saalnot ist groß!"

Es hätte kein Spaßverderber sein müssen, der sich in der damaligen Zeit an den Kopf gefasst und gefragt hätte: „Habt ihr eigentlich keine anderen Sorgen?" Ähnlich haben sich wohl die Redakteure der „Merianhefte" gefragt, die 1948 die dritte Nummer ihrer renommierten Reihe erstmals der Metropole Köln widmeten. Wie kann man nur in solcher Trümmerlandschaft unter solch notdürftigen Umständen an Karneval denken? Geschweige denn ihn feiern!

Glücklicherweise stellten sie diese Frage dem damaligen Leiter des Nachrichtenamts der Stadt Köln, Dr. Hans Schmitt-Rost[8]. Als brillanter Essayist gab er eine Antwort, die ein Lehrkapitel rheinischer Seelenkunde ist. Hier einige Sätze von dem, was er unter der Überschrift „Carneval triste"[9] schrieb: „Man kann den Karneval nicht mitmachen oder ihn lassen, er ist ein Schicksal, – in allem Ernst gesprochen – ein notwendiger Lebenszustand, unentbehrlich in der leiblich-seelischen Ökonomie der rheinischen Menschen" (S. 40).

---

[8] Im Merianheft zeichnet er als „Hans Schmitt". Der in Essen geborene Publizist hatte durch seine Ehe mit der Nippeser Mundartautorin Lis Böhle einen Tiefeneinblick in die kölsche Karnevalsseele.

[9] Merian – Städte und Landschaften. Eine Monographiereihe, 3. Heft: Köln, Verlag Hoffmann und Campe, Hamburg, 1948

Damit wäre auch die Doppeldeutung des zwingenden Wörtchens „muss" im nächsten Satz geklärt, mit dem unser Chronist nun fortfährt: *„Das sind nun die wirtschaftlichen Bedingungen, unter denen der Karneval 1948 gefeiert werden muss. Trotz alledem, oder vielleicht gerade deswegen, sind die Veranstaltungen, wie bereits gesagt, mehr wie überfüllt und von einer Stimmung getragen, die zeigt, wie sehr die Bevölkerung nach etwas Sonne und Abwechslung aus der ewigen, täglichen Not hungert."*

Peter Horatz möge verzeihen, wenn wir ihn hier noch einmal unterbrechen. Auf Zweierlei ist in seinem Text jetzt hinzuweisen. Die Bevölkerung hungert, schreibt er. Klar sie hungert nach Brot, Kartoffeln, Milch, Gemüse, Obst. Darüber wäre kein weiteres Wort zu verlieren. Bemerkenswert aber ist, dass auch das Gemüt nach „etwas Sonne" und nach Ablenkung hungern kann. Feste können auch als Antidepressivum wirken.

„Der Mensch lebt nicht vom Brot allein", heißen die weisen Worte im Neuen Testament, mit denen der Evangelist Matthäus allerdings nicht die ideelle Speise Karneval, sondern Gottes Wort meint. Aber sollten Freude, Humor, Leichtigkeit nicht Teil davon sein? Theologisch unverfänglich drückte das 1947 ein Zeitgenosse von Horatz, Karl Wiechert, aus. In einer Zeile seines Lieds „Alles dringk jetz Knollegold" heißt es: „Weil jet Spass brudnüdig es!" Womit wir nebenbei erklärt haben, woher das Zitat auf der Plakette unserer „Williamsbau-Stele" vis-à-vis dem Aachener Weiher stammt. Und auch eine Antwort geben, wenn jemand fragt, warum „brud-" hier mit „d" geschrieben wird.

Der zweite Hinweis unseres Einschubs gilt der Währungsreform, die am 21. Juni 1948 in Kraft treten sollte und die die nominell immer noch gültige alte Reichsmark, vor allem aber die inoffizielle „Naturalien- bzw. Zigarettenwährung" ablöste. Dass mit dem Wechsel zur DM die Keimzelle gelegt würde für das, was sich bald darauf „westdeutsches Wirtschaftswunder" nennen sollte, konnte am 1. Februar, vier Tage vor Weiberfastnacht 1948, keiner ahnen. Da herrschte Ungewissheit, in Wirtschaft wie Politik gleichermaßen. Nicht einmal einen Staatsnamen hatte jenes Gebilde von Besatzungszonen, in dessen britischem Teil Köln lag. Fast siebzehn Monate sollte es noch dauern, bis die „Trizone" (Karl Berbuers legendäres „Trizonesien", das bis März 1948 noch eine „Bizone" war) sich „Bundesrepublik Deutschland" nennen durfte.

Vor diesem Hintergrund sind auch die Geldsummen zu interpretieren, die Horatz in seinem Bericht nun nennt. Er stellte ihnen das Kürzel

„Mk." (Mark) nach. Um keine Verwechslung mit der späteren D-Mark aufkommen zu lassen, setzen wir nachfolgend die korrekte Abkürzung „RM" für „Reichsmark" hinterher:

Auch mag die Furcht vor der kommenden Geldumwertung mit dazu beitragen, das Geld auszugeben, als es einer unsicheren Umwertung auszusetzen. Die Veranstaltungen werden immer teurer. So verlangen die Vortragenden Gagen, die zwischen 150,- bis 250,- RM je Person liegen. Ein Musiker verlangt 10,- RM pro Stunde. Die Saalmieten haben eine schwindelhafte Höhe erklettert (Zirkus Williams 8000,- Abfindung für das nicht auftretende Künstlerpersonal plus Miete, Dekorationsanteil, Miete für Tische und Stühle kostet eine Veranstaltung mit Steuer usw. 28.000,- RM).

Dass da nun Eintrittspreise von 20,- bis 25,- RM genommen werden müssen, ist eine Notwendigkeit, welche die veranstaltenden Gesellschaften sehr schmerzt, aber nicht zu umgehen oder zu mildern geht. Es ist eben so, dass der kleine Mann vom Karneval wenig oder gar nichts hat und sehnsüchtig und entsagend bei Seite stehen muss, obschon doch das Fest im wahrsten Sinne und traditionsgemäß ein Fest für alle, ein Volksfest, sein soll.

Die Gesellschaften haben die größten Sorgen, ihren Etat auszubalancieren, um nicht mit Schulden belastet in die schleierhafte, unsichere Zukunft gehen zu müssen. Aber auch der Armen soll gedacht werden, und so haben die bisher eingeleiteten Sammlungen zu sehr guten Ergebnissen geführt.

Es bewahrheitet sich das alte Wort, dass der Kölner an seinem vaterstädtischen Fest hängt und zu jedem Opfer bereit ist, um für wenige Stunden ein Zipfelchen vom Himmelreich zu erwischen, um in seinen alten, lieben Erinnerungen an die gute schöne Zeit zu schwelgen. Wer will da den Karneval verurteilen? Er gibt uns in der größten Notzeit immer wieder frischen Auftrieb und Schaffenskraft, die uns dem grauen Alltag entgegengehen lassen. Wohl haben wir 1816/17 ähnlich schlechte Zeiten in Köln zu verzeichnen gehabt, aber die Stadt kam nur an Preußen und war nicht vollkommen zerstört wie heute. Heute sind Staat und Wirtschaft zerrissen, die Zukunft verhüllt und unsicher, und der siegreiche Feind wirtschaftet unter dem Deckmantel des Waffenstillstands im Lande. Was werden wir noch alles zu erleben haben?

Köln, den 1. 2. 48   P. Horatz

Zu guter Letzt unterläuft unserem Archivar doch noch ein – verzeihlicher – Fehler, wenn er die schlechten Zeiten 1816/17 und die Übernahme durch die Preußen erwähnt. Offensichtlich vermengt Horatz mit der Jahresangabe zwei Ereignisse: 1816/17 gab es in Köln ebenfalls Missernten und Hungersnot – da passt der Vergleich zu 1948. Die Übernahme durch Preußen geschah allerdings 1815 nach dem Wiener Kongress und vorherigem Abzug der Franzosen 1814.

Dem Chronisten ist auch die ganze Bitterkeit der noch keine drei Jahre zurückliegenden Kapitulation anzumerken. Seine Diktion vom „siegreichen Feind" ist noch weit entfernt vom heutigen Sprachgebrauch, der statt „Besatzer" „Befreier" sagt. Indes wäre einer Formulierung von ihm ewiger Bestand zu wünschen, da, wo er vom Karneval als ein Vergnügen spricht, „um für wenige Stunden ein Zipfelchen vom Himmelreich zu erwischen".

Es dat nit schön?

Einen ungefähren Eindruck vom Geschehen auf der Wiese an der Aachener Straße gibt das Modell von Walter Thelen wieder. In der nachgestellten Szene ziehen gerade die Roten Funken zu ihrer Jubiläumsveranstaltung 1948 ein.

Der Bau:
Architektur – Architekt – Lage

Vom einstigen Williamsbau blieb nicht ein Sägespan, geschweige denn ein Stein oder Balken am alten Ort zurück. Zu graben lohnt sich nicht. Das Gebäude war nicht unterkellert, ein nur „halbfester Bau", so die Standardformulierung. In seinem Fall heißt das: deutlich mehr als ein normales Zirkuszelt, aber auch deutlich weniger als ein festes Gebäude aus Stein. Architektenpläne gibt es keine. Jedenfalls gelang es uns nicht, welche ausfindig zu machen. Auch existieren nur wenige Fotos, anhand derer Architektur und Material des Gebäudes zu rekonstruieren wären.

Bekannt ist aber der Architekt: Wilhelm Koep. Doch auch der ist – wie sein Zirkusbau – in Köln weitgehend vergessen. Jedenfalls wird sein Name nicht wie der seiner Zeitgenossen Wilhelm Riphahn, Rudolf Schwarz, Hans Schilling oder Karl Band in einem Atemzug mit den Wiederaufbaujahren genannt. Ihn ereilt etwas das Schicksal von Komponisten, deren Lieder populärer als ihre Urheber wurden. Als der 1905 im heute deutschsprachigen Belgien geborene Koep sein Büro in die Hände seines Sohnes gegeben hatte und 1999 in Köln gestorben war, hatte er mit seinen Bauten zahlreiche Spuren im Stadtbild hinterlassen.

Fragt man indes, wie es heute um seinen baulichen Nachlass aus einem halben Jahrhundert Kölner Nachkriegsarchitektur steht, muss man feststellen, dass der Haltbarkeitswert auch von nicht „halbfesten" Bauten keineswegs ewig ist. Von den markanten Objekten seines rund 600 Projekte starken Gesamtwerks entging in den letzten Jahren kaum eins einem grundlegenden Umbau, einer Umwidmung, Generalsanierung oder auch einem Abriss. Einigen, gerade im Kernbereich der Innenstadt, stehen Veränderungen aktuell bevor. Unter anderem war Koep der Architekt der „Schweizer Ladenstadt" (als „Opernpassage" inzwischen mehrfach umgewandelt), des Senats-Hotels und des benachbarten Café Jansen. Er baute das Haus der Kölnischen Rundschau in der Stolkgasse, das Möbelhaus Buch in Braunsfeld, das Modehaus „Weingarten" am Friesenplatz sowie mehrere Versicherungsgebäude. Als „Hausarchitekt" der Familie Mülhens entwarf er nicht nur deren 4711-Parfümfabrik in Ehrenfeld (heute „Barthonia-Forum") und das repräsentative „Blau-Gold-Haus" der Firma neben dem Dom, sondern er war auch verantwortlich für deren Hotel auf dem Petersberg mit seiner wechselvollen Geschichte vom Sitz der belgischen Besatzung über die „Hohe Kommission der Alliierten" bis hin zum Gästehaus der Bundesrepublik.

Koep war auch für Carl Sartory tätig, als der 1950 den Wiederaufbau des zerstörten Vergnügungspalasts „Groß Köln" in Angriff nahm. Die Sartory-Säle wurden zu den im Karneval begehrtesten Veranstaltungsorten.

Bemerkenswert ist die Lage des Williamsbaus: westlich jenes Areals, das von den Ringen bis zur Bahnstrecke „Neustadt" genannt wird. Jenseits des Gleiskörpers umschließt ein begrünter Streifen die Stadt im Halbkreis, der „Innere Grüngürtel". Mit dessen Außenrand endet heute der Stadtbezirk 1 „Innenstadt". Nach dem Abriss der Stadtmauer (ab 1881) und der dadurch möglichen Stadterweiterung war hier auch die Stadtgrenze. Die von hier aus über strahlenförmige Ausfallstraßen zu

Die Aufnahme aus dem Jahr 1955 vom Standort Dürener Straße ist eins der seltenen Fotos, die den Williamsbau im Stadtbild dokumentieren. Hinter den drei Bäumen jenseits des Aachener Weihers ist das großflächige Zeltdach zu erkennen.

erschließenden Vororte sollten allerdings schon bald zu Kölner Stadtteilen werden.

Die bewusst unbebaut gelassene Grünzone bot sich zumindest als Zwischenlager an, als nach Kriegsende rund 30 Millionen Kubikmeter Trümmerschutt zu entsorgen waren. Auch das Areal um den Aachener Weiher half mit, den Stadtkern frei zu bekommen. Im Buch „Großstadtgrün"[10] heißt es dazu: „Die Flächen zwischen Bachemer Straße und Aachener Straße (ehemals Maifeld) waren mit riesigen Schuttmassen, die sich zu Bergen türmten, überschüttet. (Eine Schuttverwertungsanlage war installiert, sie hatte aber nie so recht zum Abbau der Halde beigetragen.) Der Aachener Weiher hatte so viele Bombentrichter, dass er wie ein Sieb aussah, also trocken war. Eine Rasen- und Unkrautflora täuschte eine Grünfläche vor. Die mit Schutt und Bombentrichtern versehene Fläche nördlich der Aachener Straße wurde freigelegt und einplaniert. Sie musste vorübergehend den Zirkus Williams aufnehmen. Die übrigen Flächen bis zur Vogelsanger Straße wurden als Kleingärten bzw. behelfsheimmäßig genutzt" (S. 186). Mit dieser Ortsangabe ist genau jene Grünfläche beschrieben, die seit der Gedenkstelenaktion nun „Carola-Williams-Park" heißt.

---

[10] Bauer, J. (2001) in:Adams, W./ Bauer, J. Großstadtgrün. Bd. 30 Stadtspuren – Denkmäler. Köln. Bachem. Joachim Bauer ist heute stellvertretender Leiter des Kölner Grünflächenamts. Er war beim Zustandekommen des Projekts „Gedenkstele Williamsbau" sehr unterstützend.

Es blieb nicht beim Provisorium. 1954 wurde der ‚Aachener Berg' zu einer grünen Hügellandschaft modelliert. Heute zählt sie zu den attraktivsten Freizeitzielen der Studierenden der nahen Universität. An warmen Wochenenden sind es Tausende, auch aus anderen Stadtteilen und Köln-Gäste, die das Areal um den Aachener Weiher zwischen Biergarten und Ostasiatischem Museum als Liege- und Grillwiese bevölkern. Die allerwenigsten werden wissen, dass sie sich auf Kriegstrümmern des alten Kölns bewegen.

Ein Anfang in „materiellen und geistigen Trümmern"

Die Jahre des Williamsbaus sind identisch mit den ersten Jahren des nach dem Krieg sich neu konstituierenden Festkomitees Kölner Karneval. Vorerst nannte man sich noch „Festausschuss".

Als eins der dringlichsten Probleme wurde gleich bei der ersten Zusammenkunft am 14. September 1946 der Mangel an Sälen erwähnt. Den Gesellschaften – so sie sich wieder etablierten – fehlten ausreichend Örtlichkeiten, um Sitzungen und Bälle abzuhalten. Abhilfe zu schaffen erschien dem Ausschuss auch deshalb so dringend, weil andere Anbieter außerhalb des organisierten Karnevals kräftig im närrischen Revier wilderten. Varietés und Wirtschaften boten in Eigenregie karnevalistische Programme an. Für etliche Berufskarnevalisten, Conferenciers, Musiker die sich in der Karnevalsmetropole etabliert hatten, waren das willkommene Erwerbsquellen. Sogar das Wort „Sommerkarneval" fällt im Protokoll des Festausschusses vom April 1947. Der müsse eingeschränkt werden!

Der Wunsch nach Unterhaltung und Zerstreuung schien nach den entbehrungsreichen und angstvollen Kriegs- und Nachkriegszeiten besonders groß. Trotz oder gerade wegen der völlig desolaten materiellen Lage und einer noch weitgehend zerstörten städtischen Infrastruktur.

In der Rückschau mag das verwundern, manch einem gar unsensibel erscheinen angesichts der Millionen von Kriegstoten, der verwundeten, immer noch vermissten oder gefangen gehaltenen Landsleute. Auch angesichts der psychischen Zerrüttung vieler Überlebender. Was so widersprüchlich erscheint, findet eine weise Auflösung in einem Satz von Hans Schmitt-Rost, Publizist und damaliger Leiter des Städtischen Nachrichtenamts. Er schrieb im besagten Merianheft über Köln: „Tod und Tanz sind eine sehr verwandte Zweiheit und das Leben ist am intensivsten, wenn es am härtesten bedroht erscheint" (S. 40).

Eben diese „Dennoch-Haltung" spricht aus den Anfangssätzen des bereits erwähnten Protokolls über das erste Zusammentreffen von Karnevalisten am 14. 9. 1946. Sie seien hier noch einmal wiederholt: *„Materielle und geistige Trümmer sind die Hinterlassenschaften des verlorenen Krieges. Unser einst so schönes Köln wurde restlos in Trümmer gelegt und damit ging neben anderen schönen Volksbräuchen auch unser einzig dastehender 'Kölsche Fastelovend' unter. Diesen neu entstehen zu lassen, muss Aufgabe jeden alten Kölners sein.*

Doch den 24 Männern aus acht Karnevalsgesellschaften, die der Rote-Funken-Präsident Eberhard Hamacher ins Funkenkasino gerufen hatte, ging es auch um sehr Handfestes. Man wollte sich das Sitzungsmonopol nicht von brauchtumsfernen Geschäftemachern aus der Hand nehmen lassen: *„Die Erfahrungen im ersten Nachkriegsjahre ergaben, dass unberufene Kräfte durch Veranstaltungen in varieteemäßiger Form zu allen Jahreszeiten mit dem Karneval ihre Geschäfte machten. Da solches Tun mit Kölner Eigenart nicht zu vereinbaren ist und einem neuen Aufbau hinderlich im Wege stehen würde, sind Vorbereitungen zu treffen, die Ausrichtung des Karnevals wieder in eine dafür berufene Hand zu bekommen."*

Nach einer Auflistung der Anwesenden werden nun von verschiedenen Herren die brennenden Punkte vorgebracht:

„Nach der Begrüßung der Versammelten gibt Hamacher den Zweck der Zusammenkunft bekannt und stellt die Frage: 'Was soll zur Wiederbelebung und Weiterführung des vaterstädtischen Festes geschehen?'

Hierzu äußerte sich als erster A. Bodde: Unter Darlegung der Missstände aus früheren Jahren war B. der Ansicht, dass für eine Wiederbelebung des Karnevals vor allen Dingen wieder die gutsituierten und angesehenen Kölner Bürger interessiert werden müssten. Weiterhin muss die Jugend zur tätigen Mitarbeit gewonnen werden. Bezüglich der Berufs-Karnevalisten gibt B. als Mitglied der Küpper-Bühne die Versicherung ab, dass von dieser keine Schwierigkeiten zu erwarten sind. B. ist gleichfalls der Ansicht, dass die Überfülle von Corps beseitigt werden müsse.

Busse machte Ausführungen über die Schwierigkeiten in der Saalfrage. Diese Schwierigkeiten seien in der Hauptsache durch die geringen Umsatzmöglichkeiten der Saalinhaber bedingt. Gleichfalls wird erwähnt, dass die Gage für Musik zu hoch sei."

Da kam also gleich als zweiter Punkt der Hinweis auf die fehlenden Saalkapazitäten.

In der zweiten Sitzung vom 7. 1. 1947 klagt Dr. Joseph Klersch als Beauftragter der Stadtverwaltung: *„Um den Übelstand der allzu großen Saalmiete und Getränkepreise zu steuern, empfiehlt Dr. K. hierfür den neugebildeten Gaststätten-Ausschuss bei der Stadtverwaltung zu interessieren."*

Auch in der Sitzung vom 18. 4. 1947 ist die Saalfrage wieder ein Thema. Ein Vierteljahr später, in der Sitzung vom 23. 7. 1947, kommt dann ein Hinweis, der eine Abhilfe der mangelhaften Saalkapazität bedeuten könnte.

„Saalfrage: nach Mitteilung von Küster beabsichtigt der Zirkus Williams seinen Bau von Weiberfastnacht bis Aschermittwoch für Karnevalszwecke zur Verfügung zu stellen. Durch persönliche Rücksprache bei W. sollen die Termine zur Jubiläumsveranstaltung durch Bodde und Hamacher festgelegt werden."

Zwei Tage darauf – am 25. 7. 1947 – wurde der Williamsbau mit der Operette Czárdásfürstin eröffnet. Und wie wir heute wissen, sollte der Zeitraum, in dem der Bau dem Karneval zur Verfügung stehen konnte, nicht nur an den tollen Tagen sein. Er wurde auf die gesamte Session ausgedehnt und das Sitzungsprogramm sollte bereits am 11. 11. 1947 mit der Sessionseröffnung starten. Albrecht Bodde präsidierte bei dieser Premiere für seine Große Kölner KG.

Am 25. Juli 1947 wurde der Williamsbau mit der Operette „Die Czardasfürstin" eröffnet.

Nach Operetten, Unterhaltungsveranstaltungen des NWDR und Zirkusvorführungen zieht am 11.11.1947 der Karneval im Williamsbau ein. Den Start zum Sessionsauftakt macht die „Große Kölner Karnevalsgesellschaft" mit ihrem Präsidenten Albrecht Bodde.

Zunächst hatte der karnevalistische Nutzungsplan noch eingeschränkt ausgesehen. In der Vorstandssitzung vom 23. 9. 1947 hieß es: *„Bodde berichtet, dass der Williamsbau vom 1. 2. bis 11. 2. 1948 für Karnevalszwecke zur Verfügung stehe. Die vom Festausschuss zu belegenden Termine sollen bei der nächsten Vorstandssitzung festgelegt werden. Für die breite Masse sind zwei Veranstaltungen in Verbindung mit den Gewerkschaften zu volkstümlichen Preisen vorgesehen. Als Termine wurden der 17. und 24. Januar 1948 vorgemerkt."*

Am 10. 10. 1947 wird ergänzt: *„Als Termine zu Veranstaltungen des Festausschusses im Williamsbau wurden der 2. 2. 48 und 10. 2. 48 festgelegt. Weiterhin sind für die Gewerkschaft und den Deutschen Jugendring am 17. und 24. 1. 1948 Veranstaltungen vorgesehen."* Später wird ergänzt, dass der *„Reinertrag der Festsitzung dem Oberbürgermeister für wohltätige Zwecke zur Verfügung"* gestellt werden soll. Am 2. 12. 47 wird es dann sehr konkret im Protokoll: *„Mietvertrag Williams wurde besprochen und genehmigt: Der Mietpreis pro Veranstaltung beträgt 8000,- RM (Reichsmark)."*

Die Idee mit dem Zirkusbau war als vorläufige Saallösung so klug wie pragmatisch. Allein: Die Kölner waren hier nicht die ersten. Düsseldorf hatte es schon im Februar 1947 vorgemacht: „Da 1947 für eine erste große närrische Sitzung kein Saal aufzutreiben war, mieteten die Karnevalisten das erwärmte Winterzelt des Circus Williams an der Erkrather Straße. Den spektakulären Auftakt im Februar ließen sich auch Oberbürgermeister Karl Arnold, Oberstadtdirektor Dr. Walther Hensel und viele Offiziere der britischen Besatzungsmacht nicht entgehen", schreibt Alfons Houben in der „Geschichte des Düsseldorfer Karnevals" (S. 106)[11]. Und ähnlich wie in Köln waren sich Jecken- und Zirkuswelt auch sonst sympathisch. Alfons Houben: „Für den Abend im Zirkuszelt war eigens ein Prinzenpaar gekürt worden, das vor aller Augen auf einen indischen Elefanten gehievt wurde. ... Die Sitzung fand so großes Echo, dass sie acht Tage später wiederholt werden musste. Bei den beiden Veranstaltungen kamen, von der Direktion Williams großzügig aufgerundet, über 50 000 Reichsmark zusammen, die der Stadt zur Unterstützung besonders stark Notleidender überwiesen wurden (ebda.)." Zwar gab es 1947 auch in Düsseldorf noch keinen Zoch, aber man hatte ein Motto. Es zeugt gleichermaßen vom irritierten Zeitgeist wie von der Reverenz an den neuen Veranstaltungspartner: „Alles Zirkus."

---

[11] Alfons Houben (1999) 3 x Düsseldorf Helau – Die Geschichte des Düsseldorfer Karnevals. Meerbusch. Vlg. Lippert, S. 106

Nachhaltige Bedeutung für den Karneval

Zurück nach Köln. Am 23. 1. 1948 trifft sich der Festausschuss mitten in der Session zur außerordentlichen Mitgliederversammlung: *„Zweck der Versammlung war eine Besprechung über die vom Festausschuss am 2. 2. 48 und 9. 2. 48 durchzuführenden Veranstaltungen (Sitzungen und Ball im Williamsbau) herbeizuführen. ... Bodde gab ein persönliches Schreiben des Oberbürgermeisters bekannt, wonach dieser seine Teilnahme an der Sitzung am 2. 2. 48 zusagte.*

Der Vertreter von der Preisbehörde von der Regierung (Dr. Schmitz) macht Ausführungen über die Gestaltung der Eintrittspreise. Demnach sind bei Sitzungen im Williamsbau bis zu 15,- RM und bei Bällen bis zu 25,- RM genehmigt. Eine höhere Festsetzung kann unter keinen Umständen erfolgen. Interne Veranstalter mit Ballotage sind ebenfalls genehmigungspflichtig. Um Unannehmlichkeiten zu vermeiden, bittet Dr. Schmitz vor allen Veranstaltungen die Preise zur Genehmigung vorzulegen."

Auf den Einwand von Thomas Liessem, dass „bei den „überhöhten Musikergagen und sonstigen Preisen ... mit den genehmigten Preisen nicht auszukommen sei", entgegnet Dr. Schmitz: *„Lohnstopp kann vom Arbeitsamt mit Erfolg nicht durchgeführt werden. Sonstige Verstöße gegen die Stoppverordnung können im Verwaltungswege nicht verhindert werden, und hilft hier nur eine Strafanzeige bei der Militärregierung. ... Eine Einigung in dieser Frage konnte nicht erzielt werden und müssen die Gesellschaften sich vorläufig den Anordnungen der Preisbehörde fügen."*

Nach der ersten Nachkriegssession dankt Festausschuss-Vorsitzender Albrecht Bodde in der Vorstandssitzung vom 27. Februar 1948 allen *„für tatkräftige und vorbildliche Mitarbeit. ... Die vom Festausschuss erfolgten Bemühungen zur Wiederbelebung und Erhaltung des Karnevals waren von Erfolg und haben gezeigt, dass auf dem begonnenen Wege weiter gearbeitet werden kann."*

Nahtlos geht es über zu nüchternen Zahlen: *„Fa. Mergenbaum legt Rechnung über 12 000,- RM für Dekorationen des Williamsbaus vor. Mit der Firma wurde vereinbart, die anteiligen Kosten – pro Abend 1000,- RM – direkt von den beteiligten Gesellschaften zu kassieren."*

Mit einer emotionalen Note schließt das Protokoll: *"Zum Schluss gaben Bodde und Hamacher die bei ihnen eingegangenen Briefe von Kriegsgefangenen und evakuierten Kölnern, in denen der Freude, Begeisterung und Dank für die an den Karnevalstagen gebotenen Rundfunksendungen[12] Ausdruck gegeben wurde, bekannt."*

Im Rückblick auf die erste Nachkriegssession attestiert Präsident Albrecht Bodde den Kölner Gesellschaften und dem Williamsbau eine glänzende Premiere: *"Einen glänzenden Verlauf nahm die Jubelsitzung der Roten Funken im Williamsbau, woran Köln lebhaft teilnahm. Die Jubelsitzung des FA. (Festausschuss) am 2. Februar 1948 verlief ebenfalls glänzend und kann der FA. auf den Ausgang derselben stolz sein. Die Anzahl der Ehrengäste, worunter Herr Dr. Pünder als Oberbürgermeister von Köln mit fast allen Beigeordneten der Stadt und Herr Oberbürgermeister Kolb von Frankfurt besonders hervorragten, bewiesen die Richtigkeit unserer Annahme, dass der Kölner Karneval seine Zugkraft noch nicht verloren hat. Das herrliche bunte Bild auf der Bühne, das Aufziehen der Korps und der glänzende Besuch der Veranstaltung gaben uns die Berechtigung mit Stolz auf das bisher Erreichte zu sehen. Die verschiedenen Kritiken Kölner und auswärtiger Blätter stimmten darin überein, dass Köln nicht unterzukriegen ist und immer die Hochburg des Karnevals bleiben wird."*

In der Vorstandssitzung des Festausschusses vom 29. 11. 1948 wird dann der Williamsbau zum Schauplatz der ersten Proklamation der Nachkriegszeit bestimmt. Nachdem „die Genehmigung vonseiten der Militärregierung zur Veranstaltung des Rosenmontagszuges zur Kenntnis genommen wurde", vermerkt das Protokoll: *"Der Vorschlag, im kommenden Karneval wieder die Hauptfiguren: Prinz, Bauer und Jungfrau herauszustellen, fand einstimmige Annahme. Demzufolge soll die übliche Prinzensitzung am 15.2. im Williamsbau und eine Festvorstellung im Opernhaus, wie ebenfalls die Übergabe der Schlüsselgewalt am Karnevalssamstag stattfinden."*

1948 waren mit dem Begriff „Proklamation" längst nicht die tradierten Vorstellungen verbunden wie heute. Nur vier solche Inthronisierungsfeste hatte es zuvor gegeben. Und die waren eigentlich noch eher im Experimentierstadium, bevor der Krieg einer beginnenden Tradition ein Ende setzte.

---

[12] „Eine fünfstündige Übertragung karnevalistischer Darbietungen am Rosenmontag, von Millionen Menschen in aller Welt gehört" nennt das Protokoll.

Ein Meilenstein im wiedererwachenden Kölner Gesellschaftsleben war die erste Nachkriegsproklamation im prächtig geschmückten Williamsbau. Theo I. dekoriert Oberbürgermeister Robert Görlinger mit dem Prinzenorden (Bild oben). In der Rolle des Hofnarren (links) ist der protokollarische und kreative Kopf des Kölner Karnevals jener Jahre zu sehen: Hans Jonen.

Festausschuß des Kölner Karnevals e.V.
1. PRÄSIDENT ALBRECHT BODDE

Festfolge zur feierlichen Proklamation
Sr. Tollität des
PRINZEN KARNEVAL 1949
Theo I.
(THEO ROHRIG)

Sr. Däftigkeit des
KÖLNER BAUER
Andrees
(ANDREAS MÜLLER)

Ihrer Lieblichkeit der
KÖLNER JUNGFRAU
Fredoline
(FRED REULEN)

Dienstag, den 15. Februar 1949, 19.11 Uhr
im Williamsbau

PREIS DM 0,50

1936 gab es in der Messehalle die erste Proklamation. Ihre pompöse Inszenierung bekommt nachträglich noch einen Beigeschmack, wenn die Schnittmenge bewusst wird, die solche Szenarien zur nationalsozialistischen Ideologie hatten. Nazi-OB Riesen übernahm den Proklamationsakt. 1938 und 1939 fanden die Proklamationen im Gürzenich statt. Neuerung, geradezu ein karnevalistischer Tabubruch, war nun, dass die Jungfrau mit Rücksicht auf die nationalsozialistische Ideologie in der Tat von einer Frau dargestellt wurde.

Auf tradierte Vorgaben konnte bei der anstehenden Proklamation 1949 also kaum zurückgegriffen werden. Wie sehr abweichend von heute wir uns das Geschehen um das Dreigestirn – auch diese Bezeichnung wurde erst 1938 offiziell übernommen – vorstellen müssen, wird allein daran erkennbar, dass in der außerordentlichen Mitgliederversammlung des Festausschusses am Dreikönigstag 1949 bekannt gegeben wurde: „Die Rolle des Prinzen wird Theo Röhrig („Große Kölner") in diesem Jahre übernehmen." Das galt durchaus nicht als spät. Und keineswegs war es ein Hinweis auf irgendeinen Knatsch hinter den Kulissen, wenn es weiter hieß: „Über die beiden anderen Figuren wird zurzeit noch verhandelt." Auch mit der Proklamation am Dienstag, 15. Februar 1949, lag man gut in der Zeit, war Rosenmontag doch „erst" am 28. Februar.

Nach nur vier vorausgegangenen Proklamationen an unterschiedlichen Orten, in experimentellen Rollenbesetzungen (weibliche Jungfrau) und unterschiedlicher Dramaturgie dürfen die acht Proklamationen 1949 bis 1956 im Williamsbau wohl als stilprägend für den Gesellschaftskarneval bis heute gelten.

Vielleicht sollte abschließend noch mal von Geld die Rede sein, nachdem ja oft und ausgiebig über Preise und Gagen für Musik, Redner, Saalmiete, Dekoration und Eintritt zu lesen war. Am 21. 6. 1948 hatte Westdeutschland, die zukünftige Bundesrepublik, auf D-Mark umgestellt. Nun gab es ganz andere Verlässlichkeiten. Nun sieht auch die Höhe der Zahlen anders aus. Auf der Mitgliederversammlung des Festausschusses vom 25. 10. 1949 werden den Anwesenden folgende Richtgrößen genannt:

„Mit den in Frage kommenden Musikkapellmeistern wurde verhandelt und erreicht, dass als Stundenlohn an Samstagen und Sonntagen nicht mehr als 3,- DM und an den übrigen Tagen 2,50 DM pro Stunde verlangt werden. 4 Stunden müssen garantiert sein. Für die Karnevalstage sind besondere Zuschläge nach Vereinbarung zu zahlen. Übernahme von Verpflegung kommt grundsätzlich nicht in Frage.

Karnevalisten: Hier wird es schwierig, in der Gagenfrage eine Norm zu finden. Den Gesellschaften wurde empfohlen, für Spitzenleistungen eine Höchstgage von 50,- DM zu gewähren. Der Karnevalistenvereinigung wurde empfohlen, den Wirtschaftskarneval und die ländlichen Veranstaltungen im Interesse der Kölner Gesellschaften nicht zu unterstützen."

Jupp Weller, Vorsitzender der Vereinigung Kölner Karnevalisten, wendet ein, dass es schwierig sei, die Geldfrage zu steuern, sagt aber Unterstützung zu, „und hält eine Gage von 20,- bis 30,- DM für durchschnittliche Leistungen für erforderlich".

Aus der ersten Proklamation im Williamsbau – sie wurde noch per Zeitungsinserat allgemein beworben – kommt der Festausschuss übrigens ohne Minus heraus. Bei Eintrittspreisen von 5,- DM für Außenrang, 8,- DM für Innenrang, 10,- DM für Manege und 15,- DM für Logenplätze kommt er auf etwas über 11 000 DM Einnahmen. Bei Ausgaben von 10 000 DM bleiben gut 1000 DM übrig.

Die erfreuliche Bilanz ist auch den Eheleuten Williams zu danken. Ob sie wirklich „den Bau kostenlos in den Dienst des Kölner Karnevals" stellten, wie Prinz Theo I. auf der Proklamation 1949 lobte (vor der Währungsreform waren noch Mietsummen protokolliert worden), konnte anhand der Unterlagen nicht geklärt werden. Entgegenkommend werden sie aber gewesen sein. In seiner Proklamationsansprache würdigte Prinz Theo I. nach seinem Dank an den Oberbürgermeister die Zirkusprinzipalin als erste, noch vor seiner Ordensübergabe an den Regierungspräsidenten und die Militärattachés der Besatzer: „Wenn in früheren Zeiten die Proklamation in den historischen Sälen des Gürzenichs stattfand, so ist leider die Geschichte, die dieser Bau uns bot, in Trümmer geraten. Wir können aber froh sein, in den Mauern der Stadt Köln ein echt kölsches Mädchen zu haben, das bereit war, uns einen Bau zur Verfügung zu stellen, der zur Hochburg der Feste im Kölner Karneval werden soll. Und diese Frau ist Carola Williams. Wenn auch in diesem Bau die Geschichte der Stadt nicht wieder hervorgezaubert werden kann, so sollen die Feste jedoch ein Beweis sein, dass man wohl unsere Häuser und Straßen, die Materie zerstören konnte, nicht jedoch unseren Geist und unsere Herzen."[13]

---

[13] „Prinzenproklamation 15. Februar 1949 im Williamsbau in Köln" maschinenschriftl. Protokoll, S. 4, Archiv Festkomitee Kölner Karneval

WILLIAMS BAU

Veranstaltungen
1947 - 1956

EINE CHRONIK
ERFASST, WIEDERGEGEBEN UND
KOMMENTIERT VON REINOLD LOUIS

RECHERCHE:
REINOLD LOUIS UND WOLFGANG OELSNER

Vorbemerkung

Der Williamsbau in Köln hatte weder eine lange Lebensdauer, noch eine kunsthistorische Bedeutung wie andere Bauten in der Stadt. Architekt Wilhelm Koep hatte einen Zweckbau – besser gesagt: ein Mehrzweck-Gebäude – konzipiert. Auch wenn der Williamsbau in seiner äußeren Form den Anforderungen eines Zirkusbaus gerecht wurde, so war seine Bestimmung damit keinesfalls festgelegt. Ebenso gut eignete er sich zum Theater, zum Versammlungsraum und zum Festgewande für Bälle, Sitzungen und für musikalische Darbietungen oder für größere Sportveranstaltungen. Mit je nach Veranstaltung 2500 oder 2000 Sitzplätzen war er weit und breit das größte Haus, dessen vielseitige Verwendung schnell erkannt war.

In der nachfolgenden Aufstellung sind alle Veranstaltungen im Williamsbau aufgeführt, soweit diese ermittelt werden konnten. Die Namen der Veranstalter, insbesondere aus dem Karneval, sind teilweise von Jahr zu Jahr unterschiedlich. Mal heißt es „Große Karnevals-Gesellschaft Lyskircher Junge", dann „K.G. Lyskircher Junge" und dann nur noch „Lyskircher Junge". Hier wurde die jeweilige Schreibweise aus den Programmheften bzw. Anzeigen übernommen – im einen oder anderen Fall ergibt sich ein gutes Bild, in welcher Weise sich die Gesellschaft entwickelt hat. Es sind auch Ereignisse erwähnt, die nur indirekt mit dem Williamsbau bzw. dem Circus Williams zu tun haben, wie beispielsweise die Rosenmontagszüge. Abgesehen davon, dass Harry bzw. Carola Williams dem Festausschuss und den Vereinen ihre Pferde – und auch einen Elefanten – für die Umzüge zur Verfügung stellten, wäre die Berichterstattung über die Prinzenproklamationen ohne den krönenden Abschluss mit dem jeweiligen Rosenmontagszug nur unvollständig.

Noch eine Vorbemerkung zur Quellennutzung:
An keiner der aufgeführten Veranstaltungen haben wir, da damals viel zu jung, teilgenommen. Bei unseren Recherchen waren wir darauf angewiesen, was in den öffentlich zugänglichen Publikationen als Berichterstattungen und/oder als Anzeige veröffentlicht wurde. Wenn Berichte oder Teile daraus wörtlich übernommen wurden, ist die Quelle namhaft gemacht. In allen anderen Fällen, insbesondere bei Berichterstattungen über Veranstaltungen, ist teilweise ein Mix aus den verschiedenen Quellen erfolgt. Da es bei Berichten auch immer auf die persönliche Betrachtungsweise ankommt, habe ich versucht, eine angemessene Abwägung vorzunehmen.

Eröffnung mit vielen Reden

25 Juli

Schon ab 1946 arbeiteten Carola und Harry Williams zielstrebig an der Errichtung eines halbfesten Winterbaus in Köln, der mit einem ausgiebigen Zeremoniell und vielen Ansprachen am 25. Juli 1947 – zwischen Aachener Weiher und Innerer Kanalstraße im Grüngürtel gelegen – eröffnet und seiner Bestimmung übergeben wurde. Neben den Eigentümern und den Leuten vom Bau sprach auch Oberbürgermeister Dr. Hermann Pünder, der die vielfältigen Verwendungsmöglichkeiten des Neubaus hervorhob und betonte, dass dem Wohnungsbau nichts entzogen worden sei. Mit einem Fassungsvermögen von mehr als 2500 Sitzplätzen war der Williams-Bau jetzt der größte Saal Kölns. Die Baumaterialien für die herrliche Anlage waren in diesen schlechten Zeiten auf normalem Wege nicht zu erhalten; der Wohnungsbau hatte absoluten Vorrang bei der Zuteilung von Materialien.

Klüngeln war in diesen Zeiten verständlicherweise nicht gerade groß in Mode, deshalb suchte man andere Möglichkeiten. In Köln verstand man sich auf die Geschäfte des Kompensierens, und Carola Williams hatte schnell „Zugang" zu dieser Art der Kommunikation und so konnte sie ihrem Harry mit vielen Tipps und eigenen Erfahrungen die Wege ebnen und Türen öffnen.

Das Wesen des Kompensierens besteht ja darin, etwas, was man hat, zu geben, um etwas, was man braucht, zu bekommen. Carola und Harry Williams hatten zu dieser Zeit eigentlich nur eines, was andere brauchten: Mist! Ja, Mist – genauer gesagt: Elefantenmist. Dieser fiel im Circus Williams wahrhaft in Mengen an, und da ihm der Ruf vorausging, „besonders wertvoll" – bezogen auf die Düngekraft – zu sein, gab jeder, der hatte, für Elefantenmist das, was sie brauchten. Harry und Carola Williams haben – und das ist wörtlich gemeint – nicht „auf Mist", sondern „mit Mist" gebaut. Und damit den Kölnern eine bis zum Abriss währende Heimstadt für ihre vaterstädtischen Feste geschenkt.

Das Orpheum der Czárdásfürstin

Juli

Nach der Eröffnung wurde die große feste Bühne in der weiten Zirkushalle für einige Monate in ein Orpheum der „Czárdásfürstin" verwandelt. 1916 war diese Operette der erste Welterfolg des ungarischen Komponisten Emmerich Kálmán. Der große Raum im weiten Zirkusrund machte viel „Drumherum" erforderlich. So sah man nebenher viel Revuehaftes, ein steppendes Ballett und Liedeinlagen des Comedien-Quartetts. Klangvoll der aus jungen Musikschülern gebildete Chor, reich ausgestattet die Bühnenbilder von Kurt Heuser und die von Elly Böhme-Goldeva farbenprächtig ausgestatteten Kostüme. Das Ensemble mit der bekannten Filmschauspielerin Dorit Kreysler und Akteuren der Staatsoperette München, der Volksoper Berlin und der Staatsoper Hamburg war bis in die letzte Nebenrolle ausgezeichnet besetzt. Das immer wiederholte Finale nahm unter tosendem Beifall des Premiere-Publikums kein Ende. Täglich um 18.30 Uhr, am Wochenende auch um 14.30 Uhr, strömten die Kölner in den Zirkusbau.

Zeitzeuge Josef Dederichs, damals 15 Jahre alt, erinnerte sich im März 2018 in einem Leserbrief an den Kölner Stadt-Anzeiger:
„Mein Onkel hatte in unmittelbarer Nähe einen Schrebergarten. Aus den Trümmern der Stadt hatte er mit „geretteten" Balken, Brettern und Steinen und Eisenstangen ein Gartenhäuschen gebaut, in dem er noch jahrelang mit seiner Familie gewohnt hat. Die Steine wurden mit Karbidschlamm aus dem zerbombten Aachener Weiher vermauert. Da ich bei der Gartenarbeit und dem „Hausbau" mithalf, hörten wir wochenlang immer wieder die Melodien aus der „Czárdásfürstin" in voller Lautstärke. Ich habe die Musik noch heute im Ohr!"

Operette
Die Blume von Hawaii
Sept.   19 Uhr

Festliche Premiere für Paul Abrahams Operette in drei Akten „Die Blume von Hawaii". Das Werk des ungarischen Komponisten war am 24. Juli 1931 in Leipzig uraufgeführt worden. Als Anregung für dieses Werk diente die Geschichte der letzten Königin von Hawaii Lili´uokalani. Inszeniert wurde das mehrtägige Gastspiel von Wilhelm Michael Mund von den Städtischen Bühnen Aachen.

Bunter Abend
des NWDR
Sept.   20 Uhr

Der NWDR[14] feiert das zweijährige Bestehen seines Senders Köln mit einem Bunten Abend. Das Große Kölner Rundfunk-Tanzorchester unter Otto Gerdes, der Chor der städtischen Bühnen unter Peter Hammes und u.a. die Künstler Mimi Thomas, Hans Müller-Westernhagen und Willy Schneider wirkten unter der Gesamtleitung von Lutz Kuessner mit. Die Veranstaltung war auch als Rundfunksendung ein großer Erfolg, und es war zu erwarten, dass die Aktivitäten des Rundfunks eine Fortsetzung finden würden. Die ließ dann auch nicht lange auf sich warten.

Matinee des NWDR
11 Uhr

Oktober

Der NWDR[14] veranstaltete eine „Matinee" unter Mitwirkung des Kölner Rundfunkorchesters (Dirigent: Wilhelm Schüchter), Hermann Hagestedt mit seinem Orchester und zahlreichen Solisten, darunter Sari Barabas und Albert Fehn, die beliebte Operettenmelodien und „Bunte Klänge" zu Gehör brachten.

Gastspiel des Circus Williams

November

Am 4. November gab es dann endlich „echten" Zirkus, als Harry Williams mit seiner Truppe in sein Kölner Haus kam und artistische Höchstleistungen und herrliche Tierdressuren bot.

Der Teufel im Frack, der Mann im Mond, Sensationen unter der Zirkuskuppel, internationale Clowns, große Manegen- und Bühnenschaubilder, ein Ballett und die Musik der Zirkuskapelle unter Walter Meißner sorgten dafür, dass die begeisterten Kölner in Scharen kamen.

Vor der Pause hatte es allerdings noch nicht danach ausgesehen, denn viele Besucher waren vom Programm enttäuscht: „Dat es doch keine Zirkus, dat es Revuetheater und Varieté" war aus dem Publikum zu hören. Der zweite Teil entschädigte aber reichlich. 50 Pferde, eins noch rassiger als das andere, bevölkerten die Manege mit einmalig schönen Dressurleistungen.

---

[14] *Der NWDR = Nordwestdeutscher Rundfunk war der von der britischen Militärregierung zugelassene Rundfunksender für Nord- und Westdeutschland, anfangs auch für West-Berlin, mit Sitz in Hamburg. Zu seinen dezentralen Funkhäusern gehörte seit 1952 das Kölner Funkhaus am Wallrafplatz. Mit Beginn 1956 wurden aus dem NWDR die eigenständigen Sendeanstalten NDR und WDR, letzterer mit Sitz in Köln.*

Feier zum 11.11.1947 mit Damen
Große Kölner K.G.

11 November

Die Inauguration des Kölner Karnevals erstreckte sich aus Mangel an Sälen über zehn Tage. Insgesamt wurden 17 Veranstaltungen registriert, die alle einen überaus starken Besuch aufwiesen.

„Aus der Fülle der neuen Schlager, Lieder und Krätzchen sind einige von Karl Berbuer gefällig, zeit- und milieunah" berichtete die Presse.

Gastspiel des Circus Williams

12 November

Wegen der 11.11.-Feier hatten die Artisten einen Tag Pause. Dann ging es aber zügig weiter. Ab 1. Dezember war das Programm auf die anstehenden Festtage ausgerichtet. Die neuesten und aktuellsten Sensationen in der Manege und in der Luft waren bei insgesamt 18 Attraktionen angekündigt. Unter anderem auch die weltberühmte Braunbärengruppe von Albert Bergs mit tollenden und Rad fahrenden Bären, die sich sogar im Kinderwagen kutschieren ließen. Einer der vielen Höhepunkte war eine große Reiterei mit Harry Williams als August zu Pferde. William Hill, ein Luftikus, wie er sein soll, schwang sich über der Manege. Hohe Schule am langen Zügel mit dem Araberschimmelhengst Castor und ein „Großes Tableau" mit schönen Frauen und fünfzig (!) Pferden leitete das große Schlussbild ein. Zirkuskunst in allerhöchster Vollendung.

Circus verrückt

1 Januar

Ab 1. Januar 1948 machten die Zirkusleute unter dem Motto „Circus verrückt" erste Annäherungen an den Karneval, der aber dann seinen endgültigen Einzug hielt. Im Circus Williams hatten mehr als 2000 Menschen Platz – da konnten die Karnevalisten endlich wieder aus dem Vollen schöpfen.

Da Harry Williams in erster Linie Artist war, legte er die vielen mühseligen Sessions-Vermietungen an die Karnevalsgesellschaften in die Hand eines erfahrenen Mannes, der sich als Präsident der Lyskircher Junge und als ehemaliges Tanzmariechen der Altstädter schon längst einen Namen gemacht hatte: Jean Küster. Klar, dass „seine" Lyskircher den Platzvorteil hatten – und dann kamen erst die anderen. Hans Gernert, das vor einigen Jahren verstorbene erste „Jeckebääntche" der 1950 wiederbelebten „Hellige Knäächte un Mägde", später zweimal Präsident und danach Ehrenpräsident der Lyskircher Junge, hat in der von ihm verfassten „Chronik 1930–2005" daran erinnert:

„Und alle, alle kamen! Nun hatte Ferdi Leisten für die Ehrengarde auch den Dienstag in der Karnevalswoche gebucht. Aber der Ehrengarde-Vorstand war überzeugt, den Termin nicht gefüllt zu bekommen. Da Harry Williams aber betonte: „Alle Termine – oder keinen", nahm Jean (Küster) kurzerhand den Tag. Und es sollte bis heute unser bester Tag mit der traditionellen Prunksitzung in der Karnevalswoche werden. So müssen wir noch heute dem damaligen wankelmütigen Vorstand der Ehrengarde dankbar sein. Und so ging es 1948 in den Williamsbau. Die „Großen" dachten natürlich, die „Kleinen" wären größenwahnsinnig *geworden. Aber schon bald sollte sich beweisen, dass auch der Williamsbau aus allen Nähten platzte. Nun muss man der Wahrheit nachsagen: Die Kölner waren nach all den Jahren von Not und Leid bereit endlich zu feiern, und sie zogen, bewaffnet mit Knolli-Brandy und gemaggelten sonstigen Getränken, sowie mit drei Brikett pro Person, in großer Zahl in die Veranstaltungen. Dass hierbei in erster Front die „Lyskircher Junge" profitierten, war dem guten Ruf der Programme und dem agilen kleinen Präsidenten in der Mitte seines Elferrates, einem Meister der Kölschen Replik, zu verdanken. Er war klein von Gestalt – aber im Innern „ne große, echte Kölsche" mit viel Gemüt und Können, und das gefiel den Kölschen und auch den Gästen."*

Gleich zwei aus dem Rahmen fallende Feste waren innerhalb weniger Tage zu feiern: Die „Kölsche Funke rut-wieß von 1823 e. V." und der wiederbelebte „Festausschuß des Kölner Karnevals von 1823 e. V." bejubelten ihr 125-jähriges Bestehen.

Sonntag 18 Januar

125 Jahre Kölsche Funke rut-wieß vun 1823 e.V.
20 Uhr

Die Roten Funken machten am 18. Januar mit einer pompösen Veranstaltung, an der die Vertreter sämtlicher Gesellschaften von nah und fern, der Behörden, des Handels, der Wirtschaft und der Industrie teilnahmen und bei der auch die Spitzen der alliierten Militär-Regierung nicht fehlten, den Anfang. 2500 Menschen waren aus dem Häuschen über das, was geboten wurde. August Schnorrenberg hatte zu diesem Anlass ein Lied geschrieben, welches „seinem lieben Freunde Eberhard Hamacher, Vorsitzender der Kölsche Funke rut-wieß vun 1823, in treuer Verbundenheit zugeeignet" war und das ein wirkliches und wahrhaftiges Zeitdokument bis auf den heutigen Tag geblieben ist: „Kölle bliev Kölle", so verspricht der Liedtitel.

„Mer han kein Bett un keine Schrank,
Noch nit emol en Döppebank.
Uns fählt der Desch un och de Stöhl,
Dat eß e wunderbar Geföhl.
Mer han kein Botz, kein Hemb am Liev,
Doch Formulare ha'mer stief.
Mer han kein Fleisch un winnig Brut,
Doch ligge söns mer gar kein Nut.
Wat nötz uns all die Kühmerei,
Vun selvs kütt niemols jett dobei:
Han mer vill Leid, vill Sorg un Ping,
Alaaf uns Kölle he am Rhing!"

Ein weiteres Lied ist uns von dieser Feier überliefert: „Fruhsenn trotz aller Nut" ist es betitelt und gesungen wird es auf die Strauß-Melodie „Wein, Weib und Gesang". Der Zahl „125" wird die Referenz erwiesen, das Fest wird zeitgemäß gefeiert: Schlabberbier anstelle von Champagner. Trotz aller Not: Frohsinn wird lautstark verkündet. „Wenn kölsche Funke beston, kann Kölle nit ungergonn!" Und auch in diesem Lied sind die Lebensumstände der Menschen im Jahre 1948 festgehalten.

Vater Eberhard Hamacher (Hardes vum Fluh) präsidierte die Sitzungen der Roten Funken.

Als Büttenführer war seinerzeit der 14-jährige Oskar Hamacher bei dieser und den folgenden Sitzungen der Roten Funken und der Prinzenproklamationen dabei (Bild oben, ganz r.). Hamacher, heute „Gineral" der Roten Funken und als Zeitzeuge im Volkstheater am Rudolfplatz am 6. Mai 2018: „Die meisten Proklamationen im Williamsbau ab dem „Ädäppelsprinz" Peter Franzen (1950) habe ich als Funk live erlebt. Damals wurden die Traditionskorps, da waren wir ja nur vier an der Zahl, in der Regel als Staffage auf der Bühne hinter dem Geschehen stehend platziert – und ich war dabei, zumal ich inzwischen „richtiger" Funk mit Vereidigung usw. geworden war."

Samstag 31 Januar

Lichtmess-Bunneball
Ehrengarde der Stadt Köln e.V. 1902 und Prinzengarde e.V. 1906
20 Uhr

Lichtmess-Bunneball. Gemeinsamer großer Gesellschafts-Kostümball von Ehrengarde und Prinzen-Garde

Montag 2 Februar

Jubiläums-Sitzung mit Damen
125 Jahre Festausschuß des Kölner Karnevals e.V.
16 Uhr

Zwei Wochen nach dem „Funken-Spektakel" gaben sich im Williams-Bau wiederum die Honoratioren die Hand und den vielen Narren ging das „Kölle Alaaf" oft über die Lippen: Der Festausschuss des Kölner Karnevals feierte mit Albrecht Bodde an der Spitze das 125-jährige Jubiläum der Wiedergeburt des Kölner Karnevals. Eberhard Hamacher hatte bereits 1946 die Weichen für eine Wiederbelebung des Festausschusses gestellt. Unter seiner Leitung hatten sich am 14. September 1946 die Vertreter der Kölner Gesellschaften in der „Funkenburg" am Sachsenring 24 getroffen, um „die Wahrung des vaterstädtischen Festes wieder in feste Hand" zu bekommen. Nominell war Thomas Liessem noch Vorsitzender des Festausschusses, doch er hatte als „Belasteter" zu dieser Zeit Auftrittsverbot. Für eine Übergangszeit übernahm Carl Umbreit das Amt des Festausschuss-Präsidenten, ehe eine ordnungsgemäß einberufene Versammlung am 17. Januar 1947 Albrecht Bodde zu Liessems Nachfolger wählte.

Vertreter des britischen Stadtkommandanten gratulierten zum Jubiläum des Festausschusses.

Mit Albrecht Bodde, der auch Präsident der „Große Kölner K.G. von 1882 e. V." war, hatte ein Mann die Verantwortung übernommen, der – so Kölns früherer Oberbürgermeister Dr. Theo Burauen in einem Interview des Jahres 1982 – wegen „seiner persönlichen Art, seiner Schlagfertigkeit und seiner Repliken sehr geschätzt" wurde. Christian Wolfgarten textete das Festlied mit dem Titel „Hundertfünfundzwanzig Johr Fastelovend"; Erinnerung an Vergangenes als Hoffnung und Hinweis für die Zukunft: Der Karneval war nunmehr wieder „ganz offiziell" – und er fand ein großes Echo in der Presse. In der „Westdeutsche Rundschau" schrieb Walter Henkels am 5. Februar 1948:

„... Hunger, Elend, Jammer und Ruinen werden zur Philosophie gestempelt, und das Motto schmettert vielstimmig über den Strom des Abendlandes, dessen Untergang schon mal einer vorausgesagt hat: „Denn einmal nur im Jahr ist Karneval, ist Karneval am Rhein!" Außenstehende, die nicht mit den Wassern

dieses Stromes getauft sind, werden gewiß von frivolem Zynismus sprechen, wenn sie die flachgewalzten Städte und Menschen in ihrer latenten Hunger- und Armutskur erleben. Aber eine Erörterung der Frage, den Karneval zu unterbinden, würde an die Frage des rheinischen Wesens schlechthin rühren und es gäbe sicher Leute, die in der Lage wären, es in einer volkskundlichen Betrachtung auseinanderzusetzen. Schon immer haben sich die Kölner ... bei ihrem Karneval ... auf das altrömische Fest der Saturnalien berufen, wo die Sklaven drei Tage bei karnevalistischem Treiben mit ihren Herren die Rollen austauschten und wobei sie allen Grimm und allen Groll los wurden. Es war jenes Ventil, das die Römer ihren Sklaven ließen, damit sie Groll und Grimm, Ärger, Unmut und Verdruß vergaßen. Die Römer sollen helle und kluge Köpfe gewesen sein. Vielleicht ist es gut, dass man auch den Kölnern, obschon ihnen Trübsal Blaserei von Natur aus nicht liegt, dieses Ventil lässt. Freilich würden sie auch ganz gerne mal für drei Tage die Rollen tauschen, die Sklaven mit den Herren, die die Kalorien verpassen. Zu hoffen bleibt, dass am Aschermittwoch wenigstens ein saurer Hering aufgerufen wird."

Oberbürgermeister Kolb aus Frankfurt überbrachte Grüße und Gratulation seiner Stadt

„Kölsche sin nit klein zo krigge", dichtete Hans Jonen zur Musik von Gerhard Jussenhoven eigens für die Jubiläumsfeier des Festausschusses. „Sulang mer noch uns Eigenaat, mäht uns d'r Deuvel nit parat" – deutlicher kann man seine Meinung wohl nicht mehr zum Ausdruck bringen.

Volksentscheid für den Karneval
Der Andrang zu den karnevalistischen Veranstaltungen in den Jahren 1947 und 1948 war ein Volksentscheid für den Karneval.

Die Säle konnten die Massen nicht fassen. Die Zeiten waren vollgespickt mit Ereignissen, die den idealen Nährboden für Karnevalslieder und -reden boten. Damit erfüllte der Karneval aber auch seine „Ventil-Funktion"; die Kölner konnten Dampf ablassen über all das, was sie in politischer und wirtschaftlicher Hinsicht bedrückte. Einige ganz Verwegene träumten bereits davon, in der Session 1948/49 im Rosenmontagszug durch Köln zu ziehen, natürlich „met allem wat dozo gehööt", also auch einem richtigen Dreigestirn. Als zum ersten Mal laut darüber nachgedacht wurde, gab es tausend Bedenken. Doch je öfter sich der Stundenzeiger drehte und je mehr Kalenderblätter abgerissen wurden, desto mehr verstummten die Einwendungen. Als sich die letzten Bedenken der Zaghaften verloren hatten, beschloss der Festausschuss, einen Rosenmontagszug im zeitgemäßen Rahmen zu veranstalten. Unter Vorsitz von Albrecht Bodde wurde gleichzeitig der Entschluss gefasst, den alten Traditionen entsprechend auch wieder Prinz, Bauer und Jungfrau in Erscheinung treten zu lassen.

Rosenmontag Februar

Kinderzug der Roten Funken
13.30 Uhr

Samstag, 7. Februar 1948: Im Landtag wird ein Enttrümmerungsgesetz beraten, in der Fußball-Oberliga West trifft Sülz 07 auf den FC Schalke 04, während Preußen Dellbrück gegen Hamborn 07 antreten muss. In der Rubrik „Was ist aufgerufen" heißt es:

„Erwachsene erhalten in der 2. Woche der 111. ZP (Zuteilungs-Periode) Brot 2500 Gramm, Nährmittel 250 Gramm, kein Fett, kein Fleisch. Die Abschnitte „Käse I" werden mit 62,5 g Käse beliefert. Fett und Fleisch werden nicht aufgerufen, da die Ansprüche der 110. ZP noch nicht abgegolten sind."

Unter der Überschrift „Rote Funken sammeln" ist zu lesen: *„Alle Kölner Kinder sind auf Rosenmontag eingeladen, sich am Montag an einem Zug der Kölsche Funke rut-wieß über die Ringstraßen* zu beteiligen. Die Funkenwache zieht um 13.30 Uhr mit ihrer Kapelle auf und sammelt traditionsgemäß für die Armen der Stadt Köln. Gegen 16 Uhr ziehen die Funken mit den kölschen Quös zum Rathaus, wo gewibbelt wird."

Lyskircher-Junge-Präsident Jean Küster las diese Notiz auch. Sofort setzte er sich mit seinem Freund Eberhard Hamacher, Präsident und Kommandant der Roten Funken, in Verbindung und bot ihm an, mit seinen „Lyskircher Junge" am Zug teilzunehmen. Hamacher war gerne einverstanden, und so nahmen außer den Funken auch die als „Kölner Originale" wie der Orgels-Palm, et Fleuten-Arnöldche, die Lääsche Nas, der Maler Bock und viele andere Typen kostümierten Lyskircher Junge an diesem Zug teil.

Lambert Conin hat dieses Ereignis in der Funkenchronik festgehalten: „Rusemondag 1948! Et rähnte! Ävver halt ens ne ahle Kölsche op, wenn et heiß: «Fastelovend» un bring ens ne kölsche Panz faß, wann hä met de Funke ne Zog mache soll. Aach Johr han mer keine Zog mieh gehat. Kölsche Pänz, die 1939 noch nit op der Welt wore, oder noch em Kinderwage loge, woher sollte die die ne Rusemondag kenne, woher sollte die jet vun de Funke wesse? Se wößten et, se kannten jet dovun, se woren do! Ahle

Ne ansehnliche Knubbel Funkepänz en Rut-Wieß.

un junge Kölsche stundten Kopp an Kopp am Rudolfplatz, op der Ringstroß, am Rothus, se üvverrandte de Funke, se stundten em Wäg wie mer vörbeitroke ..."

Reinold Louis, Einer von denen, die Kopp an Kopp am Rudolfplatz standen, hat dieses Ereignis nie vergessen. Er erinnert sich:

„*Mutter, meine drei Schwestern und ich standen am Rudolfplatz vor der Ruine des Opernhauses umgeben von einer dichten Menschenmenge. Es war kalt, etwas regnerisch, aber für mich ungemein spannend, die rot-weißen Funken, die kostümierten Menschen und die Tiere zu sehen. Gegen Ende des Zuges kamen ein paar Männer in dunklen Mänteln, Hüte auf dem Kopf, so aussehend, als wären sie gerade von der Fronleichnamsprozession gekommen. Einer der Männer zeigte auf mich und winkte mir zu. Ich wusste nicht, was das zu bedeuten hatte. Mutter gab mir einen Schubs: „Geh dahin!", hörte ich sie sagen. Zögerlich, weil ängstlich, ging ich auf die Gruppe zu. Der Mann stopfte etwas in meine Manteltasche und füllte meine auf sein Geheiß ausgebreiteten Hände mit vielen, vielen Kamelle. Glückstrahlend lief ich zurück – vergessen war die Kälte, die Füße taten nicht mehr weh, und der Rückweg zur Elsaßstraße war viel, viel kürzer als der Hinweg.*

Die erste Funken-Parade nach Kriegsende vor der Hahnepooz. Hier begann der Kinderzug.

Damals ahnte ich noch nicht, dass meine erste aktive Begegnung mit dem Karneval zu einem Band der immerwährenden Freundschaft werden sollte. Einer Freundschaft, die so mancher Belastungsprobe ausgesetzt werden sollte, die mir aber auch zu vielen schönen Erlebnissen verhelfen und auch nicht ohne Einfluss auf mein berufliches Wirken bleiben sollte."

Sechs Schimmel und ein ausgewachsener Elefant

Harry und Carola Williams stellten acht Zirkuspferde, darunter sechs Schimmel, ein kleines Pony und einen ausgewachsenen Elefanten zur Verfügung. Und Zirkusdirektor Harry Williams führte eigenhändig ein Pferd am Halfter. Noch einmal Lambert Conin, mit seinem Funkenspitznamen „Labberdönche" geheißen:

„D'r Lindens Pitter, uns „Strüüßge", dä nit vill mieh wie anderthalv Meter groß eß, beloote sich dä Elefant, dä Elefant beloote sich dä Pitter, die zwei gefeele sich gägensiggig, denn dä große Elefant hov en Bein op – et Vörbein – dä kleine Pitter stallt sich op dat Pütche, dä Elefant wippten ens domet – un wuppdich flog unse Pitter wie ne Gummiball en de Hüh, däm Elefant tireck zwesche Hals un Krüzz. Dä Pitter wor wachsam un helt sich tireck an däm Elefant singe Ohre faß, domet hä nit an der andere Sick widder eravv flog. Weil dat Pony bei der ville Minsche sich ungerwägs verschrecke dät, feel unser Koch Strunz ens erav. Vielleich kunnt das Deer däm Koch singe Köchegeruch nit verdrage?"

Die „Rheinische Post" in ihrer Aschermittwoch-Ausgabe:
„Das war Fastelovend! ... Das, was am Montagnachmittag geschah, war der Inbegriff kölschen Fastelovends, der nicht dort seine Stätte hat, wo der Wein 70 Mark kostet und der Schnaps vielleicht das Doppelte, sondern da, wo das kölsche Hätz am treuesten schlägt – bei der Jugend, die vielleicht tagsüber auf den Bahndamm geht oder sich auf die Klüttenautos schwingt. Am Rosenmontag ging keiner auf den Bahndamm und keiner auf die Autos am Opernhaus. Da hatten wir wieder kölsche Indianer, Kongoneger (man möchte wirklich wissen, wo die Fetze die Färv hernehmen), man sah Funken im Miniaturformat, und es wäre bald alles so gewesen, wenn ..."

D'r Lindens Pitter hoch oben auf dem Williams-Elefanten.

Die Pänz hatten ihre Freude und die Erwachsenen steckten die Köpfe noch intensiver zusammen: „Em nächste Johr gitt et widder ne richige Zog", verstieg sich der ein oder andere zur kühnen Aussage.

Die Begeisterung der Jugend zahlte sich aus. Die Liederdichter, darunter auch Lehrer, setzten sich hin und schrieben spezielle Lieder, die auf die Gedanken- und Geisteswelt der Pänz und der heranwachsenden Jugend abgestimmt waren.

Rosenmontag, 9. Februar – 14 Uhr
Kölsche Funke rut-wieß v. 1823: Ball
Den Abschluss des Jubeljahres 1948 bildete ein prächtiger Ball altkölnischer Art.

Dienstag, 10. Februar – 19 Uhr
Festausschuss des Kölner Karnevals e.V.
Großer Jubiläums-Maskenball

Mittwoch, 28. Juli – 15 Uhr
Hausfrauen-Nachmittag

Auf allen Plätzen kostete der Eintritt 50 Pfennige.

Revue-Operette
„Ball bei Frau Luna"
September — **19 Uhr**

Mit dem großen Erfolg der Uraufführung 1899 etablierte Paul Lincke die Operette als das charakteristische Genre der wachsenden Großstadt Berlin. Die Mischung aus Sentiment und Witz, musikalisch gespiegelt in schwungvollen Märschen (*Das macht die Berliner Luft*) und gefühlvollen Walzern (*Schlösser, die im Monde* liegen), das bodenständige Personal mitten aus Berlin und eine Handlung, die sich aus einer Alltagssituation entwickelt, sind die Zutaten aus dem Palast unter der Direktion von Marion Spadeni, die auch in Köln gerne – abends um 19.00 Uhr, an Sonntagen um 15.00 Uhr und um 19.00 Uhr – aufgenommen wurden.

Lotti Krekel erinnerte sich an eine Begebenheit, als die Operette „Zum weißen Rössl" (Aufführungsdaten nicht bekannt) im Williamsbau aufgeführt wurde: „Damals – so kurz nach dem Krieg – war es bei den Aufführungen wichtig – ganz gleich ob Schauspiel, Oper oder Operette –, dass möglichst viele Mitwirkende zu sehen waren. ‚Wo bekomme ich für mein Geld am meisten...?' Und so lockte der Williamsbau zu seiner Neuinszenierung der Operette „Zum weißen Rössl" auf seinen Plakaten mit dem Querkleber: ‚Mehr als einhundert Mitwirkende!'

So gab es im zweiten Akt beim Besuch des Kaisers einen endlos langen Festzug mit mehreren Musikkapellen. Dazu mussten sich die Musiker – und auch alle anderen Darsteller –, wenn sie wieder hinter den Kulissen ankamen, in größter Eile in eine andere Uniform umziehen! Die „Feuerwehr" wurde zur „Gardekapelle" usw. usw. Jede Kapelle hatte natürlich eine große Pauke dabei – und die schleppte ein Musiker, der wegen eines Beinleidens ein wenig, aber doch merklich humpelte, immer mit.

Das sorgte – von Kostüm zu Kostüm – zu immer mehr Heiterkeit im Publikum. Bis schließlich – als wieder die große Pauke über die Bühne humpelte – eine Stimme im besten Kölsch aus dem Publikum rief: ‚Halt durch Jung! Et sin nur noch zwei Ründcher!'"

2 Oktober
Großes Oktoberfest im Williamsbau

Künstler von Bühne, Funk und Kabarett, dazu Schorchl Lottenmeyer mit seiner Original Bayerischen Kapelle und Harry Risch mit seinem Schau- und Tanzorchester zogen täglich ab 19 Uhr – sonntags ab 16 Uhr – viel Publikum an. Bockbier, Gute Weizen und erstklassige Backhähnchen standen auf der Speisenkarte.

Mit einem Feuerwerk rund um den Aachener Weiher – dem ersten Feuerwerk der Nachkriegszeit – wurde das erste Oktoberfest nach bayerischem Vorbild in Köln eröffnet.

Anfang November
Gastspiel der Städt. Bühnen mit einer neuen Inszenierung „Peterchens Mondfahrt"
Ein Märchenspiel in sieben Bildern von Gerd von Bassewitz

Die städtischen Bühnen kamen in bester Besetzung: Intendant Herbert Maisch hatte die Gesamtleitung, Heinz Pauels war für die Musik und die musikalische Gesamtleitung zuständig. In der Liste der Schauspieler fällt Frank Barufski als Milchstraßenmann ins Auge. Einschließlich der Pause dauerte das Stück von 15.30 Uhr bis ca. 18.00 Uhr. Ein Zeitungskritiker:

„Der Sternenhimmel, die blitzenden Engel an den Bühnenflanken und die putzigen Häuschen zwischen den Seitenkulissen, sie erinnern an Peterchens Mondfahrt, an die Begeisterung der kleinen Besucher, die Nachmittag für Nachmittag mit Spannung dem Märchen auf der Bühne folgten und mit ihren jubelnden Stimmen das weite Theaterrund füllten."

Die kleine Lotti Krekel hatte bei Peterchens Mondfahrt ihren ersten Live-Bühnenauftritt als Elfe. Als Zeitzeugin erinnerte sie sich am 6. Mai in der Volksbühne am Rudolfplatz gerne an diese Auftritte. Und auf der Bühne, auf der sie an diesem Tag Rede und Antwort stand, hatte ja dann ihre große Theater-Karriere bei Willi Millowitsch kurze Zeit später begonnen. Bei der Begegnung mit Jeanette Williams und deren Tochter Caroline, so Lotti Krekel „war plötzlich meine früheste Kindheit wieder so präsent, als läge sie nicht schon 70 Jahre zurück. Wir tauschten beide unsere Kindheitserinnerungen aus. So erfuhr ich, dass Jeanette in Peterchens Mondfahrt auch eine Elfe – ich weiß es nicht mehr genau, aber vielleicht spielte sie die Rolle der kleinen 'Senfblüte' – gespielt hatte und wir konnten es beide nicht so recht glauben, dass alles schon 70 Jahre zurückliegt. Und eine Einladung zu ihr nach San Franzisco habe ich auch schon in der Tasche!"

Lotti Krekel hat uns später noch mehr berichtet:
„Ich war fünf Jahre alt und ging noch nicht zur Schule, aber jede Woche an der Hand meiner Mutter ins Kinderballett. Die Ballettmeisterin, Maria Schallenberg wurde wohl gefragt, ob sie eine Auswahl der kleinen Ballettschülerinnen für die geplante Aufführung von „Peterchens Mondfahrt" für ein – heute nennt man es wohl „Casting" – mitbringen könnte, denn die Rollen der kleinen

Elfen wären noch nicht besetzt. Ich wollte natürlich unbedingt dabei sein und hatte Glück, denn ich gehörte tatsächlich zu den Auserwählten.

Es gab eine richtige professionelle Kostüm- und Schminkprobe, dann wurde ich in ein langes, graues Baumwollkleidchen gesteckt und bekam die Rolle der 'Bohnenblüte'. Die Begeisterung fürs Theaterspielen steckte wohl schon als Kind in mir, denn ich fieberte jeder Vorstellung entgegen. Und so fuhren wir – meine Mutter und ich – mit der Straßenbahn durch die Trümmerlandschaft von Köln bis zur Haltestelle Rudolfplatz.

Dort stand immer ein Schutzmann, der den Verkehr von Hand regelte und meiner Mutter manchmal freundlich zunickte. Dann gingen wir die Aachener Straße entlang – vorbei an der Ruine des alten Opernhauses – vorbei am 'Millowitsch Theater' – immer weiter – bis endlich auf der rechten Seite der imposante Williams-Bau auftauchte.

November

Große Inaugurations-Feier
Große Kölner Karnevals-Gesellschaft e.V.
19 Uhr

November

Peter Müller boxt gegen Walter Blumenthal
Sieg durch K.O.

Als Mittelgewichtler Peter Müller (geb. am 24. 02. 1927 in Köln) erstmals im Williamsbau auftrat, hatte er sich in der Box-Szene bereits einen Namen gemacht. Seinen ersten Profikampf hatte er am 15. Mai 1947 in Planten un Blomen erfolgreich bestritten und der Kampf gegen Walter Blumenthal war bereits sein 35. Boxkampf in seiner Heimatstadt Köln. Max Schmeling, der einen Boxkampftag in der Radrennbahn besucht hatte, nannte Müller „einen wilden Schläger", der es aber bei entsprechendem Management sicher zu etwas bringen könnte. Der Sportreporter der Kölnischen Rundschau meinte Ende Oktober 1947, Peter Müller mit seinen unkontrollierten Schlägen und ständigen Regelverstößen habe im Boxring nichts verloren. „Einer zu viel im Ring" hatte er seinen Beitrag tituliert.

Nun, die Kölner Boxfreunde sahen das anders – sie strömten überallhin, wo Peter Müller im Ring stand. Oft war er in der Elsaßstraße in der

Wenn Peter Müller, „die Aap", im Williamsbau auftrat, ob als Boxer oder als Catcher während seiner verbandsbedingten „Auszeit", herrschte immer eine außergewöhnliche Stimmung. Und die Aap wusste sich von Kampf zu Kampf zu steigern.

Gaststätte von Peter Ullerich, einem früheren Berufsboxer, anzutreffen. Seine beiden Schäferhunde lagen ihm ihm wahrsten Sinne des Wortes „zu Füßen". Reinold Louis, der zwei Häuser weiter wohnte: *„Peter Müller hatte für uns Pänz immer Kamelle und Schokolade dabei. Wir waren froh, wenn er kam!"* Schauplätze seiner insgesamt 56 (von 182) Kämpfe in Köln waren die Riehler Radrennbahn (ein Kampf), das Müngersdorfer Stadion bzw. die Radrennbahn (6), die Zentralsporthalle (3), die Messehalle (9), ab 1964 die Sporthalle (2), das Eis- und Schwimmstadion (27) und der Williamsbau (8 Kämpfe). Müllers letzter Kampf fand am 2. 9. 1966 statt. Gegen Jupp Elze ging er im Müngersdorfer Station in der ersten Runde k.o. Danach hängte er die Boxhandschuhe an den Nagel, betätigte sich als Automatenaufsteller und Sänger – er war überall ein gern gesehener Gast. Am 22. 06. 1992 starb er 65-jährig in Köln. Alle Kämpfe, die er im Williamsbau bestritt, sind hier mit Tag und Datum festgehalten.

24 November — Tagung des Internationalen Zirkusdirektorenverbandes

An die 30 Zirkusdirektoren waren zur Tagung an die Aachener Straße gekommen, 20 Unternehmen ließen sich durch Kollegen vertreten, da die entfernten Standorte ein persönliches Erscheinen unmöglich machten. Direktoren aus bekannten Familien wie Althoff, Belli, Büchler, Hoppe und auch Senior Lorenz Hagenbeck, der zum Ehrenmitglied ernannt wurde. Als Gast war vom Düsseldorfer Varieté-Direktorenverband Präsident Kurt Bruck erschienen. Die Zirkusdirektoren des Verbandes, die in einer Saison 40 Millionen Besucher auf 60 000 Plätzen in 535 Städten zählten, befassten sich mit vielen Fragen, gründeten die Vereinigung der Zirkusgeschäftsführer im Zirkusdirektorenverband und wählten wieder Direktor Oskar Hoppe (Frankfurt) zu ihrem Präsidenten.

Während der Tagung wurde deutlich, dass Zirkusdirektoren größere Sorgen haben, als die Besucher glanzvoller Vorstellungen ahnen. Die Futtermittelbeschaffung steht an erster Stelle. Es gilt ferner, das Artistenengagement zu reformieren und Steuerfragen zu regeln, die Tourneen aufeinander abzustimmen und sich über Versicherungsmöglichkeiten auch bei Sturmschäden zu beraten.

Undatiert November — Weihnachtsprogramm des Circus Williams im Williamsbau

Im grellen Scheinwerferlicht, inmitten buntschillernden Flitters, auf glattgestriegelten, breiten Pferderücken, zwischen zottigen Bären und reitenden Ballettmädchen rollte ein Programm ab, das die Augen entzückte und die Herzen schneller schlagen ließ. Akrobatik auf rollenden Kugeln, Jonglieren mit acht Ringen auf

schwankendem Schlappseil, ein Stand-Saltomortale mit verbundenen Augen, affenartige Kletter-Clownerien und eine wirbelnde Blondine, von eleganten Partnern sicher abgefangen. Und schließlich noch die mit sicherer Hand vorgeführten Freiheitsdressuren mit erstklassigem Pferdematerial. Die Besucher schauten sich staunend die Nummern an – die große Begeisterung kam aber nicht auf.

In der Kölnischen Rundschau wurde das Programm sehr gelobt. Der etwas spärliche Besuch warf allerdings Fragen auf: *„Ob der Kölner übersättigt ist? Angesichts der Tatsache, dass die zwei- und vierbeinigen Künstler mit gutem Können und großer Hingabe tätig waren und dafür nur spärlichen Beifall erhielten, war diese Frage sicherlich berechtigt. Köln ist schon immer ein schwieriges Pflaster für Varieté und Kabarett gewesen und so wundert es nicht, dass einige überdurchschnittliche Künstler Köln verlassen haben"*, so der Berichterstatter.

Silvester
31
Dezember

Hans Jonen Operetten-Revue mit Grete Fluß
Rund öm de Freud mit der Musik von Gerhard Jussenhoven
19.30 Uhr

Der größte Star der Revue war nicht die wie immer überwältigende Grete Fluss, der die Kölner über den Krieg hinaus die Treue bewahrt hatten und die ihrerseits wieder der unbestrittene Star der kölschen Revuen war. Nein, diesmal war der Star eine prächtige junge Dame von etwa zwanzig Jahren, die in Begleitung zweier Freunde kam, die sie Tag und Nacht nicht aus den Augen ließen. Nelly, so hieß der Star, war ein reizendes Elefantenmädchen, die bei den Proben tagtäglich auf die Bühne geführt wurde, um die Wege kennenzulernen. Und auf Nelly thronte et Flusse Griet. Der Maharadscha mit seinem Gefolge zu Pferde folgte ihr auf die Bretter, die vom Trampeln feuriger Schimmelhengste widerhallten.

Joachim Limann, der Operetten-Direktor der Städtischen Bühnen, führte Regie und in den Händen von Fritz Hertz lag die Gesamtleitung. Generalintendant Herbert Maisch hatte sie für die Inszenierungen zur Verfügung gestellt.

80 (!) Mitwirkende waren 27 Tage bis zum 26. Januar 1949 im Einsatz. Täglich um 19.30 Uhr, Mittwoch, Donnerstag und Sonntag gab es jeweils zwei Vorstellungen, um 15.30 Uhr und um 19.30 Uhr.

Grete Fluss und Nelly

1949

Der Williamsbau stand den Karnevalisten im Januar wegen der Hans-Jonen-Revue nicht zur Verfügung, was einigen Ärger hervorrief. Jonen, der ungekrönte König der kölschen Revuen und Operetten der Vorkriegsjahre mit seiner Hauptdarstellerin Grete Fluß, sah sich wegen dieser Kritiken genötigt, in der Presse eine Erklärung abzugeben:

„Als ein typischer Bestandteil des Kölner Karnevals ist seit Jahren die Kölner Karnevals-Revue anzusprechen, ein Kind der heimatlichen Muse, dessen Geburt regelmäßig auf den Silvester-Abend fällt. Selbst dieser Geburtstag wurde seit fast 30 Jahren eine neue Tradition.

Der Thespiskarren der bunten Muse des Narrenprinzen holperte zum 'Tazzelwurm' und zum 'Anno-Theater' (Mil.Gov-Theater) und lud dort in den Nachkriegsjahren den spratzelnden Erdenwurm der Fröhlichkeit ab. Tausende konnten sich daran erfreuen, aber tausende mussten immer wieder vor den Häusern mit zu geringem Fassungsraum umkehren, weil die Platzzahl zu begrenzt war. Diese Begrenzung der Besucherfrequenz bei den unverhältnismäßig hohen Kosten für Ausstattung und dergleichen für eine kurzlebige Revue bedingte dann zwangsweise die Höhe eines Eintrittspreises, der von der Bevölkerung mit Recht nicht immer als 'volkstümlich' empfunden wurde.

Aber der Karneval soll Volksfest sein – traditionelles Gemeingut nicht vieler, sondern aller!

Diesen Gesichtspunkt hat sich auch das karnevalistische Heimatspiel, die Karnevalsrevue als der 'Narrenspiegel' der jeweiligen Zeit, zu eigen gemacht. Allen soll die Möglichkeit geboten werden, sich daran zu erfreuen sowohl in Bezug auf den Fassungsraum des Theaters als auch dem Geldbeutel entsprechend.

Das und ganz allein das waren meine Erwägungen, in diesem Jahr mit meinem neuen karnevalistischen Heimatspiel, der ersten Kölner Karnevals-Revue-Operette am Silvesterabend mit Grete Fluß und der Elite Kölner Künstler im Williamsbau zu starten."

Samstag, 29. Januar – 18 Uhr
Lyskircher Junge: Ball der Bälle

Sonntag, 30. Januar – 16 Uhr
Prinzengarde e.V. Köln 1906[15]: Sitzung mit Damen

Mittwoch, 2. Februar – 19.30 Uhr
Große Allgemeine Karnevals-Gesellschaft e.V. 1900
Lichtmessball

Samstag, 2. Februar – 19.30 Uhr
Ehrengarde der Stadt Köln e.V. 1902
Lichtmeß-Bunneball

„Lichtmeß-Bunneball" mit Wahl der Bohnenkönigin 1949. Neben vielen anderen Geschenken erhält die Bohnenkönigin eine goldene Armbanduhr.

---

[15] Inzwischen gab es in Köln zahlreiche Säle in Gaststätten, in denen Sitzungen stattfinden konnten. Und auch einige Kinos wollten vom Kuchen mitessen. Der Festausschuss und die angeschlossenen Karnevalsgesellschaften fanden die Konkurrenz nicht gut und versuchten, dem entgegenzuhalten und bewarben neben ihren Damensitzungen verstärkt die großen Festsitzungen mit Damen. Die Reaktionen ließen nicht lange auf sich warten: „Hausfrauen-Nachmittage", eine Wortschöpfung von Herbert Limbach, Präsident der KG Greesberger, waren in den Cafés und Kinos immer prall gefüllt.

Sonntag 6 Februar

„Närrisches Parlament"
SPD Kreisverband Köln
19 Uhr

Wir sind wieder da! „Närrisches Parlament". 1. Große Sitzung mit nur ersten Kölner Karnevalisten, u. a. Karl Berbuer, Karl Küpper, Hans Jonen, Jupp Schlösser, Matth. Wüst, Vier Blömcher usw., usw.. Leitung: Präsident der K.G. Altstädter Fritz Figge, Tanzgruppe K.G. Altstädter.

Es kamen mehr Besucher, als der Williamsbau fassen konnte. Fritz Figge hatte in seinem Elferrat Ratspolitiker und Mitarbeiter des Rathauses versammelt. Tanzgruppen und Korps eröffneten den Reigen und das Altstädter Corps tanzte zu Ehren des anwesenden Oberbürgermeisters. Der Aufforderung des Präsidenten, das Mariechen in der „üblichen Weise" mit einem Blumenstrauß zu ehren, kam Oberbürgermeister Robert Görlinger „mit bemerkenswerter Routine" nach. Und die Musik spielte dazu: Küssen ist keine Sünd ... Die besten Karnevalisten wirkten mit und es darf hervorgehoben werden, dass der Williamsbau gratis zur Verfügung gestellt wurde.

Karl Berbuer

Jupp Schlösser

Mittwoch
Februar

Prunksitzung mit Damen
Große Allgemeine Karnevals-Gesellschaft e.V. 1900
20 Uhr

Prunksitzung mit Damen. Carl Umbreit beging im Rahmen dieser großen Prunksitzung mit Damen sein 40. Jubiläum als Präsident dieser Gesellschaft. Er empfing im Jahre 1909 das närrische Zepter aus den Händen seines Vorgängers Peter Prior, das er bis auf den heutigen Tag mit Elan und echt kölschem Humor geschwungen hat. Für eine kurze Zeit hatte Carl Umbreit auch den Vorsitz im Festausschuss Kölner Karneval übernommen, überließ das Amt aber dann Albrecht Bodde, nachdem der seine Bereitschaft zur Kandidatur erklärt hatte.

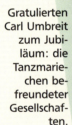

Gratulierten Carl Umbreit zum Jubiläum: die Tanzmariechen befreundeter Gesellschaften.

Samstag, 12. Februar – 14 Uhr
Kölsche Funke rut-wieß v. 1823: Kindermaskenball

Samstag, 12. Februar – 20 Uhr
Kölsche Funke rut-wieß v. 1823: Kostümball

Sonntag, 13. Februar – 17 Uhr
Lyskircher Junge: Große Sitzung mit Damen

Dienstag 15 Februar

Prinzenproklamation
Festausschuß des Kölner Karnevals e.V.
19.11 Uhr

Die erste Prinzenproklamation

Feierliche Proklamation Sr. Tollität des Prinzen Karneval 1949 Theo I. (Theo Röhrig), Sr. Däftigkeit[16] des Kölner Bauern Andreas (Andreas Müller) und Ihrer Lieblichkeit der Kölner Jungfrau Fredoline (Fred Reulen) durch den Oberbürgermeister der Stadt Köln, Herrn Robert Görlinger. Anschließend Festspiel am Hofe Seiner Tollität.

Mit Theo Röhrig, Andreas Müller und Fred Reulen, allesamt Mitglieder der „Großen Kölner K.G.", war das närrische Trifolium schnell komplett. Prinz Theo I. stellte seine „Regierungszeit" unter die Devise „Freude und Frieden."

Präsident Albrecht Bodde gratuliert dem Bauern Andreas Müller – man beachte seine Kopfbedeckung!

---

[16] „Däftigkeit", also mit „ä", ist kein Druckfehler. So war die damals gültige Schreibweise (bis 1955).

Diese Idee lag auch dem Prinzenorden zugrunde, der in hervorragender Aufmachung den Kölner Dom, das Kölner Wappen, die Friedensglocke und in seiner Umrandung die Eulen der Wissenschaften in sich vereinigt. Seinen Leitspruch stellte der Narrenfürst immer wieder in den Mittelpunkt aller Ausführungen:

*„Auf dem Boden des Fasses der Narrheit
ist die tiefste Weisheit zu finden,
und höchste Klugheit ist allein der Mut,
bewusst ein Narr zu sein!"*

Die Prinzenproklamation vor mehr als 2000 Menschen im Williamsbau wurde zu einem unvergesslichen Erlebnis. Später erzählten selbst die ältesten Kölner, dass sie sich nicht erinnern können, jemals ein Bild des Karnevals in der gleichen gigantischen Pracht gesehen zu haben.

Oberbürgermeister Robert Görlinger proklamierte die neuen Stadtregenten und mit seiner vom prinzlichen Hofnarren Hans Jonen verfassten Regierungserklärung entfachte Prinz Theo I. wahre Begeisterungsstürme. So verkündete er, dass, um den leidigen Flaggenstreit zu beenden, die Farben seiner Flagge gemäß der jeweiligen Zeitströmung auswechselbar seien und nur in Windrichtung gezeigt werden dürften. Beamte seiner Dynastie ernennt er zu „Dienern am Publikum", deren Besoldung sich „nach dem Grad ihrer Höflichkeit richtet".

Recht bekommt jeder, der lacht – zur „sozialen Sicherstellung meiner Untertanen wird in Kürze eine Währungsreform durchgeführt". Wie er das macht, sagt er gleich hinterher: „Durch Abbau der Behörden im Verhältnis 10 zu 1 kann die Mark im Verhältnis 1 zu 10 aufgewertet werden".

„Der Karneval ist mehr als ein Amüsierbetrieb", hatte Kölns Oberbürgermeister in seiner Proklamationsrede gesagt. Die Resonanz im weiten Rund des herrlich geschmückten Willliamsbaus bestätigte seine Feststellung und das Festprogramm mit den umjubelten Stars der Kölner Oper Inge Maisch, Trude Schneider, Hans Marcus, Hans Schanzara und Karl Michalski unterstrich das

Niveau eines weltstädtischen Festes. Nach der Pause, im „kölschen Teil", sang die zweitausendköpfige Menge das vom Hofnarren Hans Jonen verfasste Lied „Unserem Prinzen Theo I.":

Zehn Jahre sind dahingebraust in wechselvoller Zeit
Uns hat gerüttelt und zersaust
Zehn Jahre lang das Leid.
Man brachte uns zwar auf die Knie
Und doch nicht ganz zu Fall.
Erschüttert – doch verzweifelt nie
Sah uns der Erdenball:

Mer kann de Hüsger uns zerschlage,
de letzte Taß' em Köcheschaaf.
Mem letzte Hemb am Liev mer sage:
„Mer sin noch do – dröm Kölle alaaf!"

Martin Däntler als „kölscher Boor", Franz Klein als „Weltreporter" und Karl Küpper als „Berichterstatter vom Parlamentarischen Rat in Bonn" versprühten Geist und Humor aus der Bütt und mit „Heidewitzka-Klängen" wurde Karl Berbuer, als „ungekrönter König des Kölner Schlagers und würdiger Nachfolger eines Willi Ostermann" begrüßt. Die Wogen der Begeisterung schwappten über die Ufer, als der „Trizonesien-Song" den weiten Zirkusbau durchbrauste. Nach Jupp Schlössers „Sag' ens Blotwoosch" wurde das Tanzparkett gestürmt.

Die Resonanz nicht nur in Köln war überwältigend. Sogar aus Chicago kam Post. „Sr. Tollität Prinz Caspar I.", unter dem bürgerlichen Namen Caspar Braland „im Schatten der Kölner Domtürme geboren", grüßte die närrischen Kölner Kollegen und das gesamte rheinische Narrenvolk. Den Kölnern übermittelte die Tollität aus den fernen USA telegrafisch ein Lied, welches von großen Kölner Geschichts- und Ortskenntnissen zeugt.

Was es 1949 kostet, ein Prinz in Köln zu sein

Prinz Theo Röhrig hat nach Aschermittwoch eine umfangreiche Dokumentation seiner Amtszeit vorgelegt. Die Tagebuch ähnlichen Aufzeichnungen des Bier- und Weinhändlers geben Auskunft darüber, was der Prinz im Jahr 1949 schon ausgeben musste, um sein Amt ausüben zu können:

„Das prunkhafte Prinzen-Ornat musste beschafft werden, die Bekleidung für die Adjutanten, zwei Pagen und den Prinzenführer. 300 Prinzenorden mussten bestellt werden in erstklassiger Ausführung in Bronze und Emaille. Zwei Personenwagen in den Kölner Farben rot und weiß gespritzt mit dem Prinzenwappen für sich selbst und sein eigenes Gefolge waren notwendig, dazu ein Autobus für die Wachen, die ihm von den einzelnen Korps gestellt wurden. Ferner drei Chauffeure, ein Maskenmeister, ein Garderobier usw. usw. Briefbogen mit dem Prinzenwappen, Besuchskarten, Tausende Fotografien für Autogrammkarten und Wurfmaterial für den Rosenmontagszug waren notwendig. Dazu kamen Spesen für Konferenzen und Besprechungen, Stiftungen für Wohlfahrtseinrichtungen, Blumenspenden und Brennstoff für den 16 Tage und Nächte rollenden Wagen. Dann das Prinzenessen mit Getränken für 125 Personen.

Dann natürlich noch das Wurfmaterial des Prinzenwagens: Zehn Zentner Bonbons, dazu Pralinen, Schokolade und einige Tausend Blumensträuße. Außerdem kamen dazu die zahlreichen Kleinigkeiten, die immer wieder der Säckelmeister aus der „prinzlichen Schatulle" begleichen musste, u.a. die Wohnung und den Aufwand für die Tage in seiner Hofburg, dem Dom Hotel. Summa Summarum gerechnet war es wohl der Preis, den man für eine kleine Villa hätte aufbringen müssen."

Hans Jonen hat die Regentschaft Seiner Tollität in einer umfangreichen Dokumentation festgehalten.

Mittwoch, 16. Februar – 14 Uhr
Ehrengarde der Stadt Köln e.V. 1906
Kinder-Kostümfest

Freitag, 18. Februar – 14.30 Uhr
Große K.G. Altstädter: Kinder-Kostümfest

Freitag, 18. Februar – 19 Uhr
Ehrengarde der Stadt Köln e.V. 1902
Zigeunerball – Großes Treffen aller „Kölsche Zigeuner". Ein Ball wie im alten Köln

Samstag, 19. Februar – 20 Uhr
Prinzengarde e.V. Köln 1906
Großer Gesellschafts- und Maskenball

Sonntag, 20. Februar – 16 Uhr
Kölsche Funke Rut-Wieß v. 1823
Prunksitzung mit Damen

Montag, 21. Februar – 18 Uhr
Städt. Bühnen – Fest in Rot
Der traditionelle Ball der Städtischen Bühnen.

Dienstag, 22. Februar – 18 Uhr
Lyskircher Junge: Große Fremdensitzung mit Damen

Mittwoch, 23. Februar – 18.00 Uhr
Prinzengarde Köln e.V. Köln 1906
Sitzung mit Damen

Weiberfastnacht, Donnerstag 24. Februar – 15 Uhr
Große K.G. Altstädter
Prunksitzung mit Damen und Feiern
zum 25-jährigen Jubiläum des Altstädter Korps

Karnevals Samstag — 26 Februar

Kinder-Maskenball im Williamsbau
K.G. Lyskircher Junge
14 Uhr

Jean Küster hatte die Zeichen der Zeit richtig erkannt: Am 26. Februar 1949 lud er die Pänz zu einem „Kindermaskenball" in den Williams-Bau ein. Werfen wir einen Blick auf den in der Chronik verzeichneten Bericht:

„Der gesamte Williamsbau dröhnte von dem Lachen, Springen und Singen der mehr als 2000 Kinder. Was man dort an ulkigen Masken sah, war herzerfrischend ... Als unter ohrenbetäubendem Jubel Prinz Karneval seinen festlichen Einzug hielt, erreichte das wohlgelungene Fest seinen Höhepunkt. Mit stürmischen 'Alaafs' wurde der Narrenprinz empfangen. Und der ließ sich nicht lumpen und schmiss die Bonbons gleich tütenweise in das freudig wogende Getümmel auf der Tanzfläche. Als besondere Überraschung sah man ein überaus reizendes Kinder-Ballett der Lyskircher Junge. Alles in allem ein voller Erfolg!"

Jean Küster beließ es nicht dabei: Er ließ 1950 die Gruppe der „Hellige Knäächte und Mägde" wiederaufleben und gliederte sie „seinen" Lyskirchern an und für 1951 organisierte er einen Kinderzug, der seit dieser Zeit als „Schullzog" Jahr für Jahr – unter Federführung der Lyskircher Junge – den „Veedelszög" voranzieht. Heinrich Büttgenbach war Küsters treuer Helfer.

Bis 18.00 Uhr konnten sich die bunt kostümierten Pänz austoben. Es blieb gerade einmal eine Stunde Zeit, alles wieder herzurichten für den völlig ausverkauften Ball der Tausende.

Samstag — 26 Februar

Ball der Tausende
K.G. Lyskircher Junge
20 Uhr

Karnevals-Sonntag, 27. Februar – 12 Uhr
Veedelzög
Die „Indianer aus dem Vringsveedel" werden als beste Gruppe ausgezeichnet und dürfen Rosenmontag bei der „Erweiterten Kappenfahrt" mitziehen.

Karnevals-Sonntag, 27. Februar – 16 Uhr
Große Kölner K.G.: Große Fremdensitzung mit Ball

Rosen-
montag

Februar

Erweiterte Kappenfahrt
Abmarsch um 13 Uhr
ab Hahnenstraße

Festausschuß Kölner Karneval e.V. – Erweiterte Kappenfahrt – Mer sin widder do un dun wat mer künne.

Das Motto gaben: Eberhard Hamacher und Leo Niedick (Anm: Vater von Charly Niedick und Mitbegründer der Karnevalsgesellschaft Altstädter).

Zusammenstellung des Zuges und Gestaltung der Gruppen sowie Leitung der „Erweiterten Kappenfahrt": Thomas Liessem.

Circus-Chef Harry Williams höchstpersönlich als Pferdeführer in der Kappenfahrt (Rosenmontagszug).

„Maggler" Peter Schumacher, späterer Zugleiter, thronte
auf dem Elefanten, den Harry und Caroia Williams –
neben den Pferden – für die Kappenfahrt 1949
(Rosenmontagszug) zur Verfügung gestellt hatten.

Der Zug hatte drei Abteilungen und zwanzig Gruppen. 800 000 Menschen von überall her säumten den Straßenrand. Einer der Blickpunkte war der Elefant, den Harry Williams zur Verfügung gestellt hatte und der mit sichtlicher Freude den langen Fußweg mitging. Auf seinem breiten Rücken thronte „Maggler" Peter Schumacher, der spätere Zugleiter. Was Thomas Liessem und die Karnevalisten innerhalb kürzester Zeit auf die Beine gestellt und an Wagen gebaut hatten, ist kaum glaublich und so ist es sicherlich willkommen, ein solches Zeitdokument noch einmal zu würdigen und den „verkappten" Rosenmontagszug an uns vorbeiziehen zu lassen und einem Berichterstatter der Kölnischen Rundschau zu lauschen:

„Kaum war der eine Wagen vorbei, so wälzte der nächste heran. Dass er zweitens – wohl aufgrund dieser „Kompression" und der begrüßenswert zahlreichen Kapellen – in Musik förmlich gebadet einher bzw. dahinglitt. Es gab – entsprechend dem zweiten Teil des Mottos – „un dunn wat mer künne!" ein erkleckliches Aufgebot an aktuellen Pointen. Um die hohe Politik, sowohl im äußeren wie im inneren Bereich, einschließlich vereinzelter

Als aufmerksamer Leser wird Ihnen aufgefallen sein, dass die Namen der Kölner Oberbürgermeister bei den Prinzenproklamationen im Williamsbau von Jahr zu Jahr wechselten zwischen Dr. Ernst Schwering (CDU) und Robert Görlinger (SPD).  Auf diese Wechsel nahm auch der Wagen im Rosenmontagszug 1949 Bezug. Die Kölner Stadtratswahlen 1948 hatten ein Patt zwischen den beiden großen Parteien gebracht. Man einigte sich darauf, das Amt von Jahr zu Jahr zu wechseln. Per Losentscheid wurde die Reihenfolge entschieden: 1948 Robert Görlinger, 1949 Dr. Ernst Schwering, 1950 Robert Görlinger usw. Das änderte sich ab 1953: Dr. Ernst Schwering war jetzt Oberbürgermeister – die CDU hatte bei den Kommunalwahlen am 20. November 1952 die Mehrheit erzielt. Nach den Kommunalwahlen am 9. November 1956 wurde Theo Burauen (SPD) Oberbürgermeister. Er blieb bis 1973 im Amt.

kommunaler Themen, erfuhr auch diesmal wieder – nach altem kölschen Brauch – eine handfeste, lies: publikumswirksame Ausbeutung."

Nach gehöriger Berücksichtigung der „Indianer us dem Vringsveedel" als beste Gruppe aus den Veedelszög geht es Schlag auf Schlag:
• Nach dem „Dattelbaum" der Vier Botze und einem Preisgesang auf das wiedererstandene Hänneschen schiebt sich hinter den Blauen Funken mit der „Villa Trina" der erste der beiden ländlicherseits im voraus beanstandeten Wagen, ein aufgestocktes, d.h. nach oben hoch verstärktes Bauernhaus heran (KG Greesberger).
• Kommunalpolitisch kommen die Fidelen Burggrafen, indem sie die „Kölsche Einigkeit" der beiden großen Parteien hymnisieren: Der Kopf des OB Görlinger reckt sich vorn, der des BM Dr. Schwering hinten aus dem lädierten Rathausturm.

- Die KG Närrische Insulaner bringt den ersten Beitrag zum Thema Demontage: Den vergessenen „Ritter Bürokratius."
- Die „Eingeborenen von Trizonesien" verdeutlicht, wenn auch erst beim näheren Zusehen, der Wagen der KG Kölsche Grielächer.
- „Nur wer die Sehnsucht kennt, weiß was wir leiden": Das ist der Köbes mit den Spezialitäten der kölschen Gastronomie (KG Frohsinn).
- Ob der aus einem Stiefel herausäugende (Dr.) Schohmächer die Identifizierung mit dem Jedermann-Schuh gerade als erfreulich befindet, wissen wir nicht. Dem Kölner war es jedenfalls so recht. (KG Fidele Zunftbrüder).
- „Vun nix kütt nix" bzw. „met däm, wat mer krigge, dun mer, wat mer künne" – das verdeutlicht die nicht immer willkommenen Auswirkungen unserer Nachkriegs-Ernährungsweise zwischen Dattelbaum, Maismehl, Kubazucker und einer „besetzten Villa WC".
- Am Wagen der Roten Funken war bemerkenswert die Darstellung der neuen trizonesischen Fahne rot-weiß mit einem Kranz Blotwoosch, geschwungen von einem deftigen Funk in Überlebensgröße.
- „Messe Lina jubiliert" – das ist Bezugnahme auf das 25-jährige Bestehen der Kölner Messe: „Lina" greift mächtig in die Saiten einer Harfe, die der krummgebogene Messeturm in Spannung hält (Große Allgemeine).
- „Demontasch" – das zeigt die arge, unmittelbar körperliche Behobelung des armen Deutschen Michels von hinten durch John Bull, während Uncle Sam ihm von vorne begütigend zuredet (Lyskircher Junge).
- Bauer und Jungfrau kommen auf prächtigem Vogel Phönix „dahergeflogen".
- Ein Wagen aktuellster Prägung hätte gefehlt, wäre unter dem Motto „Horch, was kommt von draußen rein" nicht ein amerikanisches Ross aus einer Trab-Trab-Büchse hervorgeschossen, hinweg über Karbol-Kaffee, Datteln und ähnliche gute Gaben (KG Altstädter).
- Mit „Gebt uns wieder was ihr fandet!" schiebt sich endlich eine zweite ländliche Trina, bzw. Martha, ins Blickfeld, die mit allen nur denkbaren Köstlichkeiten städtischen Komforts ausgestattet ist.

Von der Wiege bis zur Bahre – Formulare, Formulare. Der Krieg hatte so vieles vernichtet, aber die „Formularwut" der Behörden war erhalten geblieben. Kölns Karnevalisten gingen dieses Thema humorvoll an.

Und endlich dann als Höhepunkt und Schluss: Seine Tollität Theo I. auf köstlich beladenem Schiff – mit Lautsprecher sein närrisches Volk apostrophierend.

Das waren die Wagen. Was dazwischen marschierte, mit Armen und Beinen ruderte, Kusshändchen und Kamelle warf, das war die unbeschreiblich närrische Fußparade des ebenso närrischen Prinzen in allen Farben. Formen und Lesarten, unendlich viel Exotisches diesmal (wohl, weil technisch am einfachsten und billigsten herzustellen), mit einer im Augenblick des Vorüberziehens gar nicht zu erfassenden Einfallsfülle. Immer wieder aber ragten die mannigfachen Korps des kölschen Fasteleers heraus, zu Fuß und zu Pferde (mit herrlichen Pferden aus dem Circus Williams übrigens) und einem leibhaftigen Elefanten. Noch einmal der begeisterte Berichterstatter: „Rühmen wir die Funken und Prinzengardisten, die Altstädter und die Ehrengarde, rühmen wir vor allem ihre schmucken Mariechen!"

Mittwoch, 16. Februar – 14 Uhr
Ehrengarde der Stadt Köln: Kinder-Kostümfest

Rosenmontag, 28. Februar – 18 Uhr
Kölsche Funke rut-wieß v. 1823: Rosenmontagsball

Karnevals-Dienstag, 1. März – 18 Uhr
Festausschuß Kölner Karneval: Dienstags-Ball

Donnerstag, 3. März – 20 Uhr
HOTA Jubiläums Nachkarneval BALL
Der Nubbel war längst begraben, da durften die Mitarbeiter des Hotel- und Gaststätten-Gewerbes, die in der Karnevalszeit ja pausenlos im Einsatz waren, auch einmal Karneval feiern und im Williamsbau das Tanzbein schwingen.

10. August – Boxen
Peter Müller siegt gegen Joe Neff durch technischen k.o.

1. November – Boxen
Peter Müller siegt gegen Hans Borowski durch k.o.

7. November – Ein „zersägter" Rundfunk-Reporter
Der Zauberer „Kalang" zersägt den NWDR-Reporter Hans Jesse anlässlich einer Rundfunk-Reportage aus dem Williamsbau.

11. November – Lyskircher Junge
Rein in die neue Session mit den Lyskircher Junge – unter Jean Küsters Leitung wurde es ein fröhliches Volksfest.

12. November – Große Kölner KG
Bei ihrer großen Prunksitzung hatte die Große Kölner KG die Presse aus Nordrhein-Westfalen zu Gast

5. Dezember – Boxen
Peter Müller siegt gegen Hans Streletzki nach Punkten.

26. Dezember – Boxen
Peter Müller siegt gegen Hans Baumann durch k.o.

1950

Wegen des nur durch einen Boxkampf unterbrochenen Weihnachts-Programms des Circus Williams konnten die Karnevalisten erst am Anfang Februar den Williamsbau mieten.

Von Neujahr bis Aschermittwoch stand den Karnevalisten erstmals der "kleine Gürzenich" zur Verfügung. Auf Initiative des Festausschusses verschob die in der St. Apern-Straße untergebrachte Kreissparkasse Köln den für den 1. Januar 1950 geplanten Umzug in das fertiggestellte Gebäude am Kölner Neumarkt und überließ den Karnevalisten die große Kassenhalle. 24 Veranstaltungen, zumeist sozialer Art, fanden hier statt.

Die Firma Zelte-Ochs überraschte mit einem „Luxuszelt" am Stadtwald. Während der Karnevals-Session stand den Vereinen ein bestens ausgestattet beheizbares Zelt zur Verfügung, das wenige Monate zuvor seinen Dienst in Bonn bei der Gründung des Parlamentarischen Rates und der Wahl von Konrad Adenauer zum Bundeskanzler der Bundesrepublik Deutschland als Aufführungsstätte von Beethovens 9. Sinfonie erlebt hatte.

Nach der Tagung des Parlamentarischen Rates in Bonn wenige Monate später das Närrische Treiben am Kölner Stadtwald im Luxuszelt der Ehrenfelder Firma Ochs.

Mittwoch **Februar**

Parlamentarier leicht verrückt
20 Uhr

Das größte und vielleicht vernünftigste Parlament der Welt fand sich im Williamsbau zusammen. Es hatte nämlich rund 2000 Mitglieder, die sich zu Recht als „närrisch" bezeichneten. Bundestags- und Landtagsabgeordnete, Mitglieder der Kölner Stadtverordneten-Versammlung, die Verwaltungsspitze der Stadt – alle waren gekommen. Eine Reihe von Vorlagen wurden einstimmig genehmigt und dank der Nettigkeit der Mariechen der Altstädter, der Blauen Funken und der Roten Funken fand auch ein Antrag der Rodenkirchener Boore die Zustimmung des Hauses. Aber auch allen anderen Rednern der ersten Garnitur galt rauschender Beifall. Zu ihnen gehörten Mathias Wüst, August Batzem, Schmitze-Grön, die Tippelbrüder Küster und Wolter, Franz Klein, Karl Jahn, Hannes Stücker, Hans Jonen und Karl Küpper. Und weil es ein Parlament der besonderen Art war, tagte es unter Christian Reuters musikalischer Musikbegleitung. Und die Presse jubelte:

„Welch glückliche Gegend von diesem Parlament regiert zu werden! Es ist das Land des Lächelns, das 1900-jährige Köln!"

Freitag **Februar**

Karnevalisten-Vereinigung Muuzemändelcher e.V. 1949
18 Uhr

Eine Sitzung für die Kölner Kriegsbeschädigten führten die Mitglieder der Muuzemändelcher im vollbesetzten Williamsbau durch, bei der die Muuzemändelcher auch den Elferrat mit Präsident Georg Pick an der Spitze stellten. Fast alles, was im Kölner Karneval Rang und Namen hat, stellte sich kostenlos zur Verfügung. Die gesamte Einnahme verblieb bei den Kriegsbeschädigten und Hinterbliebenen. Im Namen der Besucher sprach der Geschäftsführer des Verbandes der Kriegs- und Zivilbeschädigten, Kreisverband Köln-Stadt, den Freudenspendern einen herzlichen Dank aus.

Mittwoch
8
Februar

Prinzenproklamation
Festausschuß des Kölner Karnevals e.V.

Feierliche Proklamation Sr. Tollität Prinz Karneval Peter I. (Peter Franzen), Sr. Däftigkeit des Kölner Bauer Jupp (Josef Zorn) und Ihrer Lieblichkeit der Kölner Jungfrau Wilhelmine (Willi Nasse) durch den Oberbürgermeister der Stadt Köln Dr. Schwering im festlich dekorierten Williams-Bau mit Festspiel am Hofe Sr. Tollität.

Der Williams-Bau ist festlich geschmückt. An der Decke erstrahlt das Rot-Weiß der kölnischen Stadtfarben und das Grün-Gelb der Ehrengarde der Stadt Köln. Die Embleme der dem Festausschuss angeschlossenen Karnevalsgesellschaften zieren die Wände. Durch den Mittelgang führt eine breite und mit kostbaren Teppichen belegte Freitreppe zur Bühne, auf der die drei Thronsessel stehen. Links und rechts haben sich die Musikkapellen der Ehrengarde und der Prinzengarde postiert.

Kurz vor 20.00 Uhr. Jetzt rückt das neugegründete Reitercorps des Festausschusses per pedes ein, um für den festlichen Einzug der Tollität mit Gefolge Spalier zu bilden. Die Kapelle der Ehrengarde intoniert derweil: „Wer soll das bezahlen?".

Die Antwort wird nicht abgewartet, denn jetzt steigt die Spannung. Schalksnarr Hans Heinrich Dickow von den Städtischen Bühnen bereitet mit Worten von Hans Jonen den Einzug vor:

„Wir wollen 'Ja' zu unserem Prinzen sagen nach dem Motto des diesjährigen Rosenmontagszuges 'Köln wie et eß un wor, zick nüngzehnhundert Johr!'"

Fanfaren schmettern, die Kapellen der Ehrengarde und der Prinzengarde fallen ein. Der Einmarsch der Korps und Gruppen beginnt in drei Säulen. Ein prächtig-buntes Bild, als der Aufzug beendet und die Ehrengarde, die Prinzengarde, die Schildbrüder der Narrenzunft, die Korps der Altstädter, der Luftflotte, Jan von Werth, der Insulaner, Große Mülheimer, Treuer Husar, KG Frohsinn, KG Grieläcker sowie die jubelnd begrüßten Helligen Knäächte un Mägde auf der großen Bühne Aufstellung genommen und Ferdi Leisten, der „Finanzminister" des Festausschusses das zu proklamierende Dreigestirn in den Saal aufs Podium führt.

Nun erscheint in großem Pagengefolge zusammen mit Albrecht Bodde, Thomas Liessem und Oberbürgermeister Dr. Schwering, Sr. Tollität Prinz Karneval 1950, Peter I., in vollem Ornat, Sträußchen werfend und winkend, begleitet vom Jubel der 2000 Menschen. An seinem Thron die persönliche, von der Firma Adler gestiftete und von Heinrich Josef Winkel entworfene und ausgeführte Standarte zeigt den Weg hinauf und zu seinem närrischen Volk.

Im weiten Rot, Gold und Weiß leuchtenden Rund vor festlich gekleideten und fröhlich gestimmten Gästen aus allen Kreisen der Bevölkerung proklamierte Oberbürgermeister Dr. Schwering das neue Dreigestirn. Köln hat für vierzehn Tage ein neues, närrisches Stadtoberhaupt.

Festspiel am Hofe Sr. Tollität
Nach 70 Minuten, die aber wie im Flug vergangen waren, konnten die Tollitäten in ihren bereitstehenden Sesseln Platz nehmen und das von Thomas Liessem, dem Präsidenten der Prinzengarde und Vizepräsidenten des Festausschusses, zusammengestellte Programm genießen.

Das gesamte Ballett der Kölner Oper unter Ballettmeister Johann Richter mit Koloratursopran Sari Barabas und dem Tenor

Heinz Benzing. Außerdem Ballettmeister Arthur Sprankel und Lilly Harff im Samba verrückt mit dem gesamten Chor der Kölner Oper unter der Leitung von Chordirektor Keller.

Das Kölner Konzertorchester hatte inzwischen Platz genommen und wurde von Kapellmeister Karl Michalski von der Kölner Oper und von Kapellmeister Matthias Bungart abwechselnd dirigiert. Der Schalksnarr Helmuth Dickow von den Städtischen Bühnen legte den roten Teppich für Hans Jonen, Karl Küpper, Karl Berbuer und die Zwei Holzköpp.

Die vollzähligen Kapellen der Ehrengarde und der Prinzengarde, beide unter der Leitung von Kapellmeister Christian Reuter ließen einen tollen Abend nach 24.00 Uhr musikalisch ausklingen.

Die Kölnische Rundschau am Donnerstag:
„Was sich alles tat gestern Abend anlässlich der feierlichen Proklamation ist nur möglich gewesen dank des sonnigen, goldigen kölschen Gemüts, dank der großen unerschütterlichen Liebe zur Mutter Colonia, zum vaterstädtischen Fest und zum traditionsgebundenen Volkstum. Einmal im Jahr nur ist Karneval, einmal nur im kölschen Fasteleer eine große gesellschaftliche Veranstaltung, die auch nach „draußen" die Wirkung nicht verfehlen wird. Das muss und soll so sein. Ansonsten leben wir den Volkskarneval, wie er eben nur in Köln zu Hause ist."

Samstag 11 Februar — Kostümball „Gekape" Große Kölner KG und Prinzen-Garde

Eine Vorkriegs-Traditions-Veranstaltung erlebte ihre Wiedergeburt. Dank der freundschaftlichen Verbundenheit von Fritz Maaß — bis 1924 Präsident der Prinzengarde und hernach Präsident der Großen Kölner, hatte sich ein besonderes Freundschaftsverhältnis herausgebildet, das zu einem Kostümball — „Gekape" genannt — in den 30er Jahren in den Zoo-Sälen seinen Ausdruck fand. Diese Tradition wurde jetzt erneut aufgenommen.

Montag 13 Februar

Sitzung des 1. FC Köln
15 bis 18 Uhr

Sitzung des 1.FC Köln – Ein Geißbock, der Geschichte(n) schreibt

Genau am zweiten Jahrestag der Fusion KBC/Sülz 07 feierte der 1.FC Köln im prall gefüllten Williamsbau seine Prunksitzung. Die Präsidenten Dr. Jacoby (Kölnische KG) und Thomas Liessem verstanden es, eine Bombenstimmung hervorzuzaubern, die ihren Höhepunkt erreichte, als der Hausherr Harry Williams der ersten Fußball-Mannschaft ein Maskottchen in Form eines lebenden „Hippebock" überreichte. Hipp, hipp, hurra!

Bürgermeister Robert Görlinger, die Spitzen der Fußballverbände von Nordrhein-Westfalen, die Nationalspieler Helmuth Schön und Hans Rohde, die Stadtverordneten Hans Grün, Theo Burauen, Peter-Joseph Schaeven und alle, die im Kölner Sportleben Rang und Namen haben – sie alle waren Gäste des 1.FC Köln und erfreuten sich an dem farbenprächtigen Bild der Prinzengarde, Blaue- und Rote Funken-Tänzen und der Elite der Kölner Redner und Krätzchessänger. Spenden liefen fast waggonmäßig ein ...

V.l.: Hennes Weisweiler, Franz Kremer, Thomas Liessem und – ganz rechts – der Geißbock, sein Führer und Harry Williams.

Der Circus-Direktor salutiert, die Geiß weed kribbelig, der FC-Trainer und Namensgeber Hennes Weisweiler bringt sich in Sicherheit.

Der Legende nach soll das kleine Tierchen im Rampenlicht so aufgeregt gewesen sein, dass es den Trainer Hennes Weisweiler anpinkelte. Damit hatte das Maskottchen auch seinen Namen weg: Hennes. Auch der Nachfolger Hennes II. wurde 1966 von der Familie Williams gestiftet. Seit September 1950 war der Geißbock Bestandteil des FC-Wappens.

Im Februar 1978 feierte der 1.FC Köln im dreißigsten Jahr seines Bestehens das 25-jährige Vereinsjubiläum. Die fünfjährige Verspätung begründete Präsident Peter Weiand: „Wir hatten vor fünf Jahren kein Geld für eine angemessene Feier." Carola Williams als Ehrengast dieser Geburtstagsfeier erhielt aus der Hand von Trainer Hennes Weisweiler einen Geißbock – der allerdings war aus Stoff und so bestand keine Gefahr, dass die festliche Kleidung Schaden erleiden würde.

Beim DFB-Pokalendspiel gegen den VfB Stuttgart am 17. April 1954 taucht der Geißbock erstmals im FC-Trikot auf. Der 1.FC verliert mit 0:1. Als Herbert Dörner beim Stand von 0:0 einen Elfmeter verschoss, zersplitterte bei Radio Wilden an der Venloer-Straße eine große Scheibe. Mit zahlreichen Fußballfreunden verfolgte ich das Spiel vor dem Fenster im Fernsehen und bei Dörners Fehlschuss waren die Reaktionen so heftig, dass die Zuschauer von hinten drückten und uns Pänz, die wir in der ersten Reihe standen, gegen das riesige Fenster drückten, so dass es zu Bruch ging. Wie durch ein Wunder wurde niemand ernstlich verletzt.

Der derzeitige Hennes – er ist der VIII. – hat im Kölner Zoo eine eigens für ihn errichtete „Geißenvilla" mit einer WebCam.

Sonntag, 19. Februar
Bürgerausschuss
Veedelszög – 33 Gruppen beteiligten sich

Karnevals-Sonntag, 19. Februar – 20 Uhr
Festausschuss Kölner Karneval e.V.
Große Fest- und Prunksitzung unter der Leitung
von Thomas Liessem und Ferdi Leisten

Montag 20 Februar

Rosenmontagszug
Festausschuss Kölner Karneval e.V.

Festausschuss Kölner Karneval e.V. – Rosenmontagszug unter dem Motto: Kölle, wie et es un wor, zick 1900 Johr.

Der drei Kilometer lange Zug schilderte die Geschichte der Stadt, die in diesem Jahr ihr 1900-jähriges Bestehen feiert. Mehr als eine Million Besucher aus allen Teilen der Welt wohnten dem Ereignis bei. Der französische Oberkommissar Francois Poncet war Gast im Kölner Rathaus.

Der Festausschuss übernahm erstmalig wieder wie in früheren Jahren den Bau aller Festwagen, ohne die teilnehmenden Gesellschaften oder Gruppen zu belasten. Darüber hinaus übernahm der Festausschuss die Kosten für die Bespannung der Wagen, der Musikkorps und der Spielmannszüge.

Thomas Liessem war Zugleiter der Erweiterten Kappenfahrt 1949 und der Kölner Rosenmontagszüge 1950 bis 1955. Sein Nachfolger ab 1956 war Ehrengarde-Präsident Ferdi Leisten.

im Oktober: Beginn der Dreharbeiten für den Spielfilm „Der Tiger Akbar"

„Der Tiger Akbar" war der letzte Kinospielfilm Harry Piels. Die Dreharbeiten begannen im Oktober 1950 und zogen sich bis in die ersten Wochen des Jahres 1951 hin. Zu diesem Zeitpunkt hatte sich Piels Gesundheitszustand, der seit der Uraufführung seines letzten vollendeten Films Ende 1938 keinen Film mehr in die Kinos bringen konnte, merklich verschlechtert. Der Inhalt in Kurzform:

Dompteur Jonny Wilken ist schon lange im Zirkusgeschäft, er hat schon Höhen und Tiefen erlebt. Sein altes Herz wird jedoch wieder jung, als er die blonde Dompteuse Jutta Saris kennenlernt, die sich eine eigene Tigernummer aufgebaut hat. Über ihren Beruf und den Respekt gegenüber den Leistungen als Raubtierdompteur kommen sich beide allmählich näher. Doch da geschieht ein fürchterliches Unglück.

Juttas Lieblingstiger Akbar wird wegen Jonnys allzu großer Nähe gegenüber seiner Herrin eifersüchtig und stürzt sich, ausgerechnet am Tag der Eheschließung, mit weitem Sprung auf Jutta. Dabei erdrückt das Gewicht der Großkatze sie derart, dass Jutta wenig später an den erlittenen Quetschungen stirbt. Völlig außer sich vor Zorn und Verlustschmerz stürzt sich Jonny todesmutig in den Tigerkäfig und will Akbar mit eigenen Händen erwürgen. Doch da geschieht etwas völlig Unerwartetes: Akbar rollt sich auf den Boden und zeigt damit eine Unterwerfungsgeste. Jonny, davon zutiefst beeindruckt, lässt von dem im Grunde genommen gutartigen Tier ab und verzichtet auf seine Rache.

Die Uraufführung von „Der Tiger Akbar" erfolgte am 19. April 1951 im Turm-Palast in Frankfurt am Main, am 8. Mai 1951 war die Berliner Erstaufführung. Sechs Monate später wurde der Streifen auch in den Kinos der DDR gezeigt. 1958 kam der Film stark gekürzt unter dem Titel „Panik im Zirkus Williams" erneut in die bundesdeutschen Kinos.

1951

Samstag, 6. Januar – 20 Uhr
Prinzengarde Köln: Damensitzung
mit Dreikönigenball

Sonntag, 7. Januar – 20 Uhr
Große Allgemeine K.G.: Prunksitzung mit Damen –
Einführung des neuen Präsidenten Theo Röhrig

Mittwoch, 10. Januar
Tod von Zirkus-Direktor Harry Williams

Freitag, 12. Januar 1951
VdK Sitzung für die Kriegsbeschädigten
Das ganze Jahr hat der Verband der Kriegsbeschädigten, Sozialrentner und Hinterbliebenen nur ernste Aufgaben zu erfüllen. Einmal im Jahr wollen die Mitglieder aber alle Sorgen für ein paar Stunden vergessen und nur Freude und Frohsinn pflegen. Die tolle Stimmung, die an diesem Abend im Williamsbau herrschte, dürfte der beste Beweis für die Richtigkeit dieser Aussage sein. Selten ist das Publikum so aufgeschlossen und aufmerksam den Darbietungen der Karnevalisten auf der Bühne gefolgt und der Beifall wollte an diesem Abend kein Ende nehmen. Fritz Figge, Präsident der K.G. Altstädter, führte souverän und mit viel Herz durch das Programm. Jubel, Trubel – und was wichtig war: Es gab keinen Weinzwang an diesem herausragenden Abend!

Samstag, 13. Januar – 20 Uhr
Lyskircher Junge: Damensitzung mit Ball

Sonntag, 14. Januar – 16 Uhr
Große Kölner K.G.: Damensitzung

Mittwoch

Januar

Prinzenproklamation
Festausschuß des Kölner Karnevals e.V.

Feierliche Proklamation Sr. Tollität Prinz Karneval Edmund I. (Dr. Edmund Strecker), Sr. Däftigkeit des Kölner Bauern Klaus (Klaus Hintz) und Ihrer Lieblichkeit der Kölner Jungfrau Henriette (Heinz Beyer) durch den Herrn Oberbürgermeister der Stadt Köln Robert Görlinger im festlich dekorierten Williams-Bau und Festspiel am Hofe Sr. Tollität.

Pünktlich um 20.00 Uhr begann der Aufmarsch der Korps des Kölner Karnevals, des Vorstandes des Festausschusses und der Repräsentanten des Kölner Karnevals. Am festlichen Aufzug beteiligt sind die Roten Funken, die Blauen Funken, die Ehrengarde, die Prinzengarde, die Schildbrüder der Narrenzunft, das Korps der Altstädter, die Luftflotte, Jan von Werth, die Insulaner, die Große Mülheimer, die Helligen Knäächte un Mägde und viele andere. Das Saalspalier bildete das Reiter-Korps des Festausschusses.

Nach dem Präsidenten des Festausschusses Albrecht Bodde nahm Oberbürgermeister Robert Görlinger die Proklamation vor. Mit der Parade der Prinzengarde war der feierliche Akt nach knapp 60 Minuten beendet.

Festspiel am Hofe Sr. Tollität
Das gesamte Ballett der Kölner Oper mit Ballettmeister Johannes Richter und den Solotänzerinnen Emmi Köhler und Traudl Barni machte den umjubelten Auftakt. Die Sopranistin Else Veith vom Opernhaus Köln und der Tenor Gottfried Riedner vom Opernhaus Düsseldorf folgten mit ihren Darbietungen und dann kamen das unnachahmliche Ballett der Wolkenschieber des städtischen Bühnenpersonals sowie Hans Schanzara von den städischen Bühnen sowie Hans Bosenius und Felix Knäpper von der Kölner Oper.

Matthias Brück, Georg Piek, Karl Berbuer und das Duett Zwei Drügge und eine Gruppe der Lyskircher Junge kamen auf die Bühne, nachdem Schalksnarr Hans Jonen den karnevalistischen Teil mit eigenen Versen eingeleitet hatte. Zu den Klängen des Kölner Konzertorchesters unter Kapellmeister Karl Michalski von der Kölner Oper tanzten die Roten Funken, die Ehrengarde der Stadt Köln und die Helligen Knäächte un Mägde.

Kapellmeister Christian Reuter dirigierte die vollzähligen Kapellen der Ehrengarde und der Prinzengarde. Die Regie und Gesamtleitung der Veranstaltung hatte wiederum Thomas Liessem. Die Firma Fahnen Richter hatte für eine wundervolle Dekoration gesorgt, Willi Herold hatte die Bühnenausgestaltung besorgt und mit bunten Blumen nicht gegeizt. Das Teppichhaus Grein stellte alle Teppiche zur Verfügung.

Samstag, 27. Januar – 20 Uhr
Ehrengarde der Stadt Köln: Große Prunk- und
Fremdensitzung mit Damen und anschließend Ball

Sonntag, 4. Februar (Karnevals-Sonntag)
Veedelszog und der erste „Schullzog"
im Kölner Karneval

Montag 5. Februar (Rosenmontag) –
Rosenmontagszug, Start 12.00 Uhr ab Hahnentor

Festausschuß Kölner Karneval e.V. – „Kölle en Dur un Moll" –
Wir präsentieren Lieder und Schlager der Welt
Der Kölner Rosenmontagszug in einem Auftakt, 7 Abteilungen und 30 Gruppen. Idee und Entwurf von Thomas Liessem. Die Großfiguren stammten von Bildhauer Wilhelm Müller-Maus. Technische Bauleitung: Baurat Karl Liedermann, Architekt BDA, Köln-Lindenthal.

Der Zug hatte eine Länge von 2500 Metern, die Länge des Zugweges betrug rund 6,5 Kilometer. Aufstellung, Regie und Gesamtzugleitung: Thomas Liessem.

Mit viel Freude wurde eine alte Tradition wieder aufgenommen; das reich bebilderte Zugprogramm wurde zum begehrten Sammelobjekt.

Nach einer 20-jährigen, zum größten Teil durch zeitbedingte Umstände verursachte Unterbrechung, gab der Festausschuss Kölner Karneval e.V. vielfachen Wünschen nachkommend, wieder das Rosenmontagszug-Album heraus, das sich stets in aller Welt einer großen Beliebtheit erfreute. Das Album, mitunter noch antiquarisch erhältlich, zeigt die von Künstlerhand gezeichneten Originalfiguren, die Gruppen und Wagen des Zuges und vermittelt in chronologischer Reihenfolge den Weg des närrischen Bandwurms durch die Kölner Straßen.

Rosenmontag, 5. Februar – 20 Uhr
Ehrengarde der Stadt Köln
Zigeunerball – Großer Kostümball

1952

Samstag 12 Januar
Große Sitzung mit Damen
K.G. Lyskircher Junge
20 Uhr

Samstag 19 Januar
„Nacht der tanzenden Farben"
25. Paradiesvogelball der Kölner Werkschulen
20 Uhr

Auch Gemälde können Zeitzeugen sein. Der 2013 verstorbene Kölner Kunstmaler und Grafiker Raffael Becker arbeitete in sein farbenprächtiges Bild vom „Paradiesvogelball 1952" im mittleren unteren Bildteil einen Zeitungsbericht vom 21. 1. 1952 ein. Unter der Überschrift „Paradiesvogel jubilierte" vermittelt der einen Eindruck von der üppigen, kreativen Dekoration auf jenem Ball:

„Zum 25. Male rüsteten die Kölner Werkschulen den 'Paradiesvogel' aus, das Maskenfest, das im Jahreslauf der Studierenden immer einen doppelten Zweck zu erfüllen hat. Die Ausstattung der Säle, in denen es stattfindet, bietet viele Wochen lang den verschiedenen Klassen eine Fülle künstlerischer Aufgaben. Der Ertrag kommt dann wieder den Studierenden zugute, denn er fließt in die Hilfskassen, aus denen Studienfahrten finanziert und Beihilfen gegeben werden. Aber nicht nur Lehrkörper und Studentenschaft wissen dieses Fest, das dieses Mal unter dem Motto 'Nacht der tanzenden Farben' stand, zu schätzen. Der

Die prachtvolle Dekoration – hier ein Ausschnitt aus der Illustrierten „Neue Revue".

'Paradiesvogel' erfreut sich als eine der heitersten und beschwingtesten Feste des Karnevals in ganz Köln und weit über seine Grenzen hinaus eines guten Namens.

 Der 'Paradiesvogel' flog in diesem Jahr wieder in den Käfig des Williamsbaus. Und als er sein prächtiges Gefieder geputzt hatte, erstrahlte der sonst so wenig gastliche Raum in ungeahnter Schönheit. ... Als Grundelement kehren an den Wänden und

Brüstungen goldene Blattwedel überall wieder. In halber Höhe thronen im Rund überlebensgroße Plastiken aus Draht und Krepppapier, bunte Bänder aus dem gleichen Material spannen sich baldachinartig durch den Raum. ... Als Jubiläumsfest des 'Paradiesvogels' hatte der Williamsbau auf diese Weise die prachtvollste und originellste Ausstattung für diese Karnevalssession."

Auch nach 66 Jahren erinnert sich Raffael Beckers Ehefrau Inge Becker mit Glanz im Auge an jenen Ball. Selber der hiesigen Kreativszene verbunden feierten die beiden in kunstvollen Kostümen mit Freunden diese Ballnacht. „Oh, und dann Musik! Die war modern, die war schwungvoll, voller Leben", schwärmt sie. Den Autoren erklärt sie auch, was es mit der Aktentasche am unteren linken Bildrand auf sich hat: „Ich hatte das erst gar nicht begriffen, warum so viele mit einer Aktentasche unterm Arm zum Ball kamen. Bis ich später merkte, dass sie darin ihren selbstgebrannten Schnaps mitgebracht hatten, den legendären ‚Knolli-Brandy'". „Nein", meint sie, „mit der Überschrift ‚Viel vergnügtes junges Volk beging die Nacht der ‚tanzenden Farben im Williamsbau' hat die Presse nicht übertrieben. So war es." Und wenn Inge Becker vom nächtlichen Heimweg mit ihrem Raffael erzählt – natürlich ging man zu Fuß vom Aachener Weiher bis nach Sülz – klingt es so, als habe Ostermann bei der Liedzeile vom „Pitter, der Ärm en Ärm me´m Appolonia" nach Hause geht, irgendwie die falschen Vornamen gewählt.

Raffael Becker blieben die Eindrücke jener Ballnacht so gegenwärtig, dass er sie noch nach 35 Jahren – 1987 – auf dem großformatigen, farbvitalen Bild festhalten konnte (s. Abb. S. 99).

Zwei Details über weitere Räumlichkeiten im „Williams" lässt uns das Bild auch noch wissen: In den sogenannten Pferdeställen muss eine Theke aufgebaut gewesen sein („Ab 24 Uhr Bier in den Pferdeställen"). Und von herrlich dekorierten „Nebenräumen" sowie einem „Café" kann man mittels Lupe auch aus der Zeitungsnotiz erfahren.

Wer dieses Bild genau betrachtet, wird schnell verstehen, dass Maler-Ehefrau Inge Becker noch heute vom Paradiesvogel-Ball schwärmt. Sie ist, gewissermaßen über allen anderen bunt kostümierten Paradiesvögeln schwebend, der Mittelpunkt. Und zwischen ihrem hochgehobenen rechten Arm und ihrem Gesicht hat sich der Maler mit seinem „Kreisel-Gesicht" selbst verewigt.

Sonntag, 20. Januar – 16 Uhr
Rote Funken: Sitzung mit Damen

Samstag, 26. Januar – 20 Uhr
Große Kölner K.G.: Damensitzung

Sonntag, 27. Januar – 17 Uhr
Große Allgemeine K.G.: Sitzung mit Damen

Freitag, 1. Februar – 20 Uhr
Das „Närrische Parlament" Köln
Große Sitzung mit Damen mit ersten Kräften des Kölner Karnevals, Tanzcorps und vielen Überraschungen. Das bekannt gute und große Programm unter der bewährten Leitung von Fritz Figge (Präsident der K.G. Altstädter).

Die Presse-Berichterstattung war ganz auf Thema und Veranstalter abgestimmt: *„Es gibt ein einziges Parlament in der Welt, das nur einmal im Jahr tagt, eine Volksvertretung ohne Diktatur, in der alle Beschlüsse einstimmig gefasst werden. Alle (Bütten-) Redner sprachen nur zu Sache, eben zu dem einzigen wichtigen Punkt der Tagesordnung: Fastelovend."*

Samstag, 2. Februar – 20 Uhr
Gr. K.G. Altstädter: Jubelsitzung mit Ball
„30 Jahre Altstädter"
24 Stunden nach seiner Präsidententätigkeit für das „Närrische Parlament" saß Fritz Figge schon wieder im Williamsbau. Diesmal am Ratstisch der Altstädter, die mit einer festlichen Sitzung ihres 30-jährigen Bestehens gedachten und eine Reihe von Gründungsmitgliedern ehrten. Es gab viel Besuch, darunter auch die im linksrheinischen Köln so selten zu sehenden „Boore Junge un Ritter vun der Herler Burg aus Köln-Holweide". Mit ihnen vereinigten sich Korps und farbenträchtige Gruppen zu einem bunten Gratulationsstrauß. Büttenredner von Format und fröhliche Krätzchessänger zauberten Hochstimmung. Die Presse: *„Es war ein rauschendes Fest der Freude, jener Freude, die alle erfüllt, die nach dem Altstädter Wahlspruch ‚Am guten Alten in Treue halten' handeln."*

Sonntag, 3. Februar – 14 Uhr
Prinzengarde: Große Prunk-Damensitzung

Freitag, 8. Februar – 19 Uhr
Wolkenschieber
Jubiläumssitzung mit Damen der Wolkenschieber
„50 Jahre Wolkenschieber"

Samstag, 9. Februar – 19.30 Uhr
Gr. Allgemeine K.G.: Sitzung mit Damen

Sonntag, 10. Februar – 17 Uhr
K.G. Lyskircher Junge: Große Prunksitzung

Montag, 11. Februar – 20 Uhr
Sitzung des Kölner Hänneschen-Theaters

Mittwoch 13 Februar – Prinzenproklamation
Festausschuß des Kölner Karnevals e.V.

Feierliche Proklamation Sr. Tollität Prinz Karneval 1952 Johann Maria I. (Johann Maria Farina), Sr. Däftigkeit des Kölner Bauern Jupp (Dr. Josef Winterscheid) und Ihrer Lieblichkeit der Kölner Jungfrau Friederike (Fritz Blasweiler) durch den Herrn Oberbürgermeister der Stadt Köln Dr. Ernst Schwering im festlich dekorierten Williamsbau zu Köln am Rhein. Anschließend Festspiel am Hofe seiner Tollität

Der Ablauf war identisch mit dem des Vorjahres, allerdings mit dem Unterschied, dass Oberbürgermeister Dr. Ernst Schwering anstelle von Robert Görlinger das Dreigestirn proklamierte. Das Festspiel am Hofe seiner Tollität startete um 21.00 Uhr wiederum mit dem gesamten Ballett der Kölner Oper mit Ballettmeister Karl Bergeest und den Solisten Traudl Barni und Heinz Schmiedel.

Mit Beifall überschüttet wurden Anny Schlemm, Sopranistin, und Tenor Albert Weikenmeier, beide von den städt. Bühnen Köln. Beifallstürme auch für das Ballett der Wolkenschieber des städtischen Bühnenpersonals in der Einstudierung von Trude Schneider. Den karnevalistischen Teil bestritten die Krätzchens-Sänger Karl Berbuer, Franz Klein und Jupp Schmitz. „Hä selvs" Willi Klett wusste mit seiner Rede zu gefallen, ebenso die Parodisten Latz und Lätzchen. Dann erschien das Duett Jan und Griet, dargestellt von Leni Breidenbach und Toni Muhs mit einer Gruppe des Reiterkorps Jan von Werth.

Hans Jonen war traditionell der Schalksnarr, der wie immer mit eigenen Versen glänzte. Die Roten Funken, die Blauen Funken und die Ehrengarde der Stadt Köln tanzten, das Kölner Kammerorchester unter der Leitung von Kapellmeister Carl Michalski, Musikalischer Leiter der Bayerischen Staatsoperette München und die Korpskapelle der Prinzengarde Köln unter Leitung von Kapellmeister Christian Reuter sorgten für die Musik.

Die Regie und Gesamtleitung der Veranstaltung lag wiederum bei Thomas Liessem, Präsident der Prinzengarde und zweiter Vorsitzender des Festausschusses Kölner Karneval. Philipp und Willi Herold hatten die prachtvolle Bühnenausstattung vorgenommen.

Präsident Albrecht Bodde mit dem prachtvollen Dreigestirn.

„Schalksnarr" Hans Jonen präsentiert das Regierungsprogramm Seiner Tollität.

Undatiert, Februar 1952
Kardinal Frings, Erzbischof von Köln
Erstmals Empfang des Kölner Dreigestirn beim Kölner Kardinal. Ein Brauch, der zur Tradition wurde und bis heute Gültigkeit hat

Samstag, 16. Februar – 20 Uhr
Ehrengarde der Stadt Köln e.V. gegr. 1902
Große Prunk- und Jubelsitzung anlässlich des fünfzigjährigen Bestehens in Anwesenheit des Oberbürgermeisters der Stadt Köln und des Vorsitzenden des Festausschusses des Kölner Karnevals.

Sonntag, 17. Februar – 16 Uhr
Rote Funken: Prunksitzung mit Damen

Dienstag, 19. Februar – 19 Uhr
K.G. Lyskircher Junge: Gr. Fremdensitzung

Mittwoch, 20. Februar – 20 Uhr
Gr. Allgemeine K.G.: Sitzung mit Damen

Weiberfastnacht, 21. Februar – 20 Uhr
Altstädter e.V.: Fest in Grün-Rot.
Sitzung mit Maskenball

Karnevals-Samstag, 23. Februar – 20 Uhr
K.G. Lyskircher Junge: Großes Kostümfest

Karnevals-Sonntag, 24. Februar – 13 Uhr
Schull- und Veedelszog
Zum zweiten Mal waren die kölschen Pänz aus vielen Schulen dabei. Lehrer und Eltern hatten die Kinder gut vorbereitet.

Montag 25 Februar
Rosenmontagszug
Festausschuss Kölner Karneval e.V.

Festausschuß Kölner Karneval e.V. – Kölscher Eigenaat zor Ihr, Kölsche Krätzcher

Anderthalb Millionen Menschen, Kölsche, Imis, knubbelvolle Straßen, schunkelnde und singende Menschen, viel mehr Kostümierte als in den Vorjahren. Dann Kamelle, tonnenweise, Strüßcher, Kölnisch Wasser. Mehr als sechs Stunden zog der 3,5 km lange Zog quer durch Köln. Der Kölnisch-Wasser-Fläschchen werfende Prinz Karneval, ohnehin ein „Frauentyp" war von

Die Karnevalisten Vereinigung „Muuzemändelcher" nahm mit einem großen Aufgebot am Rosenmontagszug teil. Darunter auch „Latz und Lätzchen" (links) und Willy Klett als „Hä selvs".

Beifallsstürmen umbrandet. Mitglieder des diplomatischen Korps und Spitzen der Bundesbehörden waren zu Gast im Kölner Rathaus. Zugleiter Thomas Liessem, so hieß es allgemein, hat sein Meisterstück gemacht! Stellvertretend für viele bundesdeutsche Presse-Organe hier ein Beitrag der „Westdeutsche Neue Presse":

„Man muss es erlebt haben, was in Köln geschah, denn es gibt keine Feder, keine Schreibmaschine, die auch nur einen schwachen Abglanz des Jubels und der Begeisterung wiedergeben könnten, die den Rosenmontagszug 1952 umbrausten. Ein Zug, der Köln wirklich würdig war, ein Zug, den mehr als eine Million Menschen gesehen haben, Menschen aus Köln, Menschen aus aller Welt. Es war der Höhepunkt der tollen Tage!"

Rosenmontag, 25. Februar – 20 Uhr
Ehrengarde der Stadt Köln
Eine Ballnacht in Grün-Gelb. Der Große Jubiläum-Gesellschafts-Kostümball. Aufzüge der Korps – das große Ballett in Grün und Rot – Besuch von Prinz, Bauer und Jungfrau – die große Regiments Kapelle unter Christian Reuter sowie die große Überraschung: Es spielen zum Tanz Adalbert Luczkowski mit dem großen Tanzorchester des NWDR und Albert Vossen mit seinen Rhythmikern. „Wird das Ereignis im diesjährigen Karneval" verspricht die dazugehörige Anzeige.

undatiert, März/April
Gastspiel des Circus Williams
Das Ostergastspiel des Circus Williams im eigenen Haus war eine ziemliche Enttäuschung, wie Carola Williams einen Kölner Freund schriftlich wissen ließ. „Es bleibt uns nichts weiter übrig, als zu hoffen, dass unsere weitere Reise ein glücklicheres Resultat zeigt!"

17. September
Europameisterschaften der Berufsringer
Internationales Berufsringer-Turnier um die Europameisterschaft 1952 im Catch as catch can.
Beim Kampf von Peter Müller sorgte ein Besucher für Heiterkeit: „Aap, bieß en en sing Tomate" feuerte er seinen Landmann unter dem Jubel der Kölner an – auswärtige Sportfreunde guckten irritiert. Sie konnten mit diesem Spruch nichts anfangen.

Zuruf aus dem Publikum:
„AAP bies en en de Tomate…!"

Freitag, 24. Oktober
Kundgebung im Williamsbau
Dem Kölner Historiker Dr. Martin Stankowski verdanken wir Hinweise, die den Williamsbau auch als Ort politischer Kundgebungen ausweisen. In der Matinee am 6. Mai 2018 in der Volksbühne am Rudolfplatz kommentierte er drei Ereignisse. Von einem zeugt ein Flugblatt, von dem wir über ihn Kenntnis bekamen.

Offene Worte
ZUM ZEITGESCHEHEN

30 PFG

Überparteilich — Verlag Offene Worte GmbH, Köln 10 — Unabhängig

Extrablatt

Der dritte Weltkrieg findet nicht statt, wenn wir nicht wollen!

In letzter Stunde sprechen in einer überparteilichen Kundgebung der „Notgemeinschaft für den Frieden Europas"

heute, Freitag, 24. Okt. 1952, 20 Uhr
Williamsbau, Köln, Aachenerstraße

Bundesinnenminister a.D. **Dr. Dr. Gustav Heinemann**
Hans Bodensteiner, CSU Mitglied des Bundestages
Dr. Hermann Etzel, Bayernpartei Mitgl. des Bundestages
Adolf von Tadden, DRP Mitglied des Bundestages
Helene Wessel, Zentrum Mitglied des Bundestages
Thea Arnold, Zentrum Mitglied des Bundestages

über die Gefahren der militärischen Aufrüstung - gegen die beabsichtigte Ratifizierung des EVG- und Generalvertrages

Kölner Bürger! Erscheint in Massen! Es geht um Euer Leben und Eure Existenz! Denkt an die Schrecken der Bomben-Nächte! Wehrt Euch heute - ehe es zu spät ist. Zeigt der Regierung, beweist der Welt in der heutigen überparteilichen Kundgebung, daß das deutsche Volk keinen Krieg, keine Aufrüstung will. Bürger, verlaßt Euch nicht auf den Bundestag! Unter den parlamentarisch überholten Verhältnissen gibt der Bundestag nicht den unverfälschten Willen der Mehrheit des deutschen Volkes wieder. Weder Regierung noch Bundestag sind legitimiert, Westdeutschland an die amerikanische Kriegspolitik zu binden. — Wehrt Euch Bürger, ehe die Rüstungsmilliarden zu marschieren beginnen wie Anno 1939! — Bürger, laßt Euch nicht wieder unter die Chloroform-Maske von politischen Kurpfuschern legen! Denkt daran, daß ein erheblicher Teil der Träger der öffentlichen Meinungsbildung — Presse, Film, Funk — im Dienste der Kriegsvorbereitung steht.

Heute hört Ihr die Wahrheit! — Auf zum Williams-Bau!

Martin Stankowski verdanken wir auch einen Hinweis auf Proteste der Kölner Arbeiterjugend – der Naturfreunde, Falken, der DGB-Jugend – gegen ein Treffen von Altnazis begleitet von Militärmusik. Unter anderem erzählte ihm das auch Helmut Wendler, damals aktiv in der Algeriensolidarität tätig, einige Jahre Juso-Vorsitzender und später einer der Aktiven in der Kölner Trotzkisten-Szene. Dieser hatte von seinem Schwiegervater von diesem Kameradschaftstreffen im Williamsbau erzählt bekommen, mit allen Details von Protest, Militärmusik, Geschrei und Schlägerei. Davon berichtet aber auch dieser Naturfreund:

Undatiert, wahrscheinlich 1953
In: Hans Peter Schmitz, „Und weil ich gerne wanderte, war ich da genau richtig". Neue Kölner Naturfreunde-Schriftenreihe, Bd. 3, Köln 2012, S. 7
„Oder die Sache mit der Anzeige wegen Landfriedensbruch, die wir 1953 vom Staatsanwalt erhielten. Wir wollten die erste Zusammenkunft von Nazis in Köln im sog. Williamsbau an der Aachener Straße sprengen, wurden von den Faschisten verhauen und die Polizei leitete ein Verfahren ein. Es wurde später eingestellt. Der Polizeipräsident sagte: ,,Wir dachten, dass die verbotene FDJ demonstriert hat."

Undatiert, aus derselben Schriftenreihe (S.39)
Hans Peter Schmitz, Die Naturfreunde um 1950 – Was war das eigentlich für ein Verein
„So war es selbstverständlich, dass wir gegen die Wiederbewaffnung Deutschlands, die Bildung der Bundeswehr waren. Wir traten dem Verband der Kriegsdienstverweigerer bei und demonstrierten bei jeder sich bietenden Gelegenheit. Ich kann mich an das Folgende erinnern: An dem Tage, als das neue Heim der Gruppe Köln-Riehl an der Boltensternstraße (Baracke) eröffnet wurde, fand im Williamsbau ein Militärkonzert statt. Ich konnte an der Demonstration dagegen nicht teilnehmen, weil ich mit der Feierstunde in Riehl befasst war. Ich habe deswegen nicht selbst erlebt, was Willi Feldgen uns berichtete. 'Mir sinn', sagte er, 'unger dä Klänge von Preußens Gloria us däm Tempel erusjeworfe woode'."

Peter Müller wieder im Boxring im Williamsbau
Oktober

Weltberühmt mit einem Schlag! Er fühlte sich vom Ringrichter benachteiligt, also haute Peter Müller ihn einfach um. Der Ausraster im Kampf gegen Hans Stretz Anfang 1952 im Kölner Eis- und Schwimmstadion machte den Profiboxer zur Kultfigur, führte aber auch zu einer „lebenslänglichen" Sperre in Deutschland. Also boxte „die Aap" in Amerika, wurde dort gefeiert. Doch das Heimweh trieb ihn nach Köln, wo er sich als Catcher betätigte und seine Kundschaft am Gemüsekarren mit lustigen Geschichten unterhielt. Doch „lebenslänglich" waren in Boxerkreisen gerade mal acht Monate und der Heißsporn durfte sich zurückkämpfen. Im ersten Kampf nach seiner „Begnadigung" im Williamsbau siegte Peter Müller gegen Harry Mino durch k.o.

Louis Armstong und seine „All Star Group"
November

Während seiner ersten Deutschland-Tournee gastierte Satchmo mit seiner „All Star-Group" auch im Williamsbau. Carl Dietmar hält in der „Chronik Kölns" (S. 449) fest, wie die Vorfreude der 2000 Besucher bald einer Skepsis wich und umschlug in Enttäuschung, je mehr sich der Minutenzeiger von der angekündigten Anfangszeit entfernte. Nach 30 Minuten Zeitüberschreitung trommelten die Zuschauer gegen die Sitze, pfiffen und johlten. Die Erklärungen der Veranstalter, das Glatteis würde zu einer Verzögerung führen, wurde pfeifend zur Kenntnis genommen. Die ersten Besucher forderten ihr Eintrittsgeld zurück und verließen den Williamsbau. Der Kölner Stadt-Anzeiger: *„Die Generation über 30 strömte zur Kasse. Polizei und Herren mit Armbinden drückten sich die Nasen an den Scheiben zur Hinterpforte platt, durch die der Jazzkönig erwartet wird. Instrumente, zwei Armstrong-Jacken und ein geigenkastengroßer Ledersack sind schon eingetroffen."*

Als Armstrong die Bühne betrat, wich das Gejohle schlagartig in frenetischen Beifall und schon nach wenigen Stücken hatte Armstrong die Herzen seines Publikums im Sturm zurückerobert.

1953

Samstag
10
Januar

Prinzengarde Köln e.V.
20 Uhr

Die Prinzengarde vollbrachte das Kunststück, den farbenfroh dekorierten Williamsbau auf Anhieb zu füllen. Thomas Liessem regierte mit guten Repliken und versprach dem Kölner Hafendirektor v. Schiller Stürme der Freude im närrischen Hafen. Familiärer Festakt war die Einführung von Maria Dahmen als Mariechen an der Seite von Tanzoffizier Aberfeld. Das Mariechen rief soviel Begeisterung wach, dass es zweimal tanzen musste. Zum festlichen Aufzug hatten sich auch die Altstädter in grün-roter Couleur eingefunden.

Franz Kleins Literatenweisheit ergab ein meisterlich komponiertes Programm, in dem Else Veith liebenswürdige Repräsentantin der Kunst war. Als Erster in der Bütt lehrte Hans Jonen, was öffentliche Meinung ist. Dann folgte Willy Stuggs vorzüglicher „Beschwipster". Wo „Latz und Lätzchen" erscheinen, geraten die Lachmuskeln in Bewegung. Max Mauels „Drügger Pitter" wurde von Thomas Liessem mit besten Komplimenten – „So viel Witz und Humor können wir uns nicht genug wünschen" – bedacht.

Latz und Lätzchen (linke Seite) und Max Mauel (rechts).

Samstag, 17. Januar – 20 Uhr
Kölner Werkschulen
Paradiesvogel – in Dur und Moll. Das traditionelle Künsterfest der Kölner Werkschulen

Sonntag, 18. Januar – 16 Uhr
Kölsche Funke rut-wieß: Sitzung mit Damen

Samstag, 24. Januar – 20 Uhr
K.G. Lyskircher Junge
Sitzung mit Damen und anschließend Ball

Sonntag, 25. Januar – 17 Uhr
Prinzengarde Köln: Großes Damenkomitee

Montag, 26. Januar – 19.30 Uhr
Bühnen der Stadt Köln
Sitzung der Wolkenschieber mit anschließendem Ball

Freitag, 30. Januar – 20 Uhr
K.G. Alt-Köllen
Sitzung mit Damen für Mitglieder des VdK

Samstag, 31. Januar – 20 Uhr
Große Kölner K.G.: Sitzung mit Damen

1. Februar – 17 Uhr
K.G. Lyskircher Junge
Große Prunksitzung mit anschließendem Lichtmessball

2. Februar
Kölner Puppenspiele
Sitzung Hänneschen-Theater mit Damen

Mittwoch **Prinzenproklamation**

Festausschuß des Kölner Karnevals e.V.

Februar

19 Uhr

Feierliche Proklamation des Prinzen Karneval 1953 Heinz III. (Heinrich Vogeler), Sr. Däftigkeit des Kölner Bauern Willi (Willi Kraemer) und Ihrer Lieblichkeit der Kölner Jungfrau Henriette (Heinz Meindorf) in dem festlich dekorierten Williamsbau durch den Herrn Oberbürgermeister der Stadt Köln Dr. Ernst Schwering. Anschließend Festspiel am Hofe seiner Tollität.

Beginn und Aufmarsch der Korps des Kölner Karnevals, des Vorstandes des Festausschusses und der Repräsentanten des Kölner Karnevals. Am festlichen Aufzug sind beteiligt: die Roten Funken, die Blauen Funken, die Ehrengarde, die Prinzengarde, die Schildträger der Narrenzunft, das Korps der Altstädter, die Luftflotte, Jan von Werth, die Insulaner, die Große Mülheimer, Treuer Husar, Tanzgruppe K.G. Uhu, die Helligen Knäächte un Mägde. Das Saalspalier bildet das Reiter-Korps des Festausschusses.

Zwanzig Minuten später bat Festausschuss-Vorsitzender Albrecht Bodde den Oberbürgermeister, die Proklamation vorzunehmen. „Freunde haben mir gesagt, eine Stegreifrede von mir sei viel besser als wenn ich ein Manuskript vor mir habe", meinte Dr. Ernst Schwering unter dem Beifall der Gäste und übergab dann die Stadtschlüssel an den Prinzen Heinz III., auch scherzhaft „Heinrich der Vogeler" genannt. Und der sprach gleich zu seinem närrischen Volk: „Wenn jeder metmäht, muss uns Kölsche Theater 'ne Bombenerfolg wäde." Seinen Untertanen rief er zu:

„Kölsch Theater, wo Du jet erlevve kanns
Kölsch Theater, dat heisch Geck loss Geck elans!
Spill selver met, dann koß et Dich
Och nit Ding eige Geld.
Kölsch Theater, Kölsch Theater
Bes dat d'r Vorhang fällt!"

Solotänzerin Biggi Fahnenschreiber in ihrem Element. Nach ihrer Bühnenkarriere trainierte sie jahrzehntelang Kölner Tanzkorps und Tanzgruppen. Zusammen mit Ballettmeister Peter Schnitzler hat sie Karnevalsgeschichte geschrieben. Als Zeitzeugin konnte sie in der Volksbühne am Rudolfplatz Beifallsstürme entgegennehmen.

Mit der Parade der Prinzengarde war der feierliche Teil nach knapp einer Stunde beendet.

Festspiel am Hofe seiner Tollität
Sari Barabas, Koloratursopran an der Staatsoper München, Bariton Heinz Maria Linz und das gesamte Ballett der Kölner Oper mit Ballettmeister Karl Bergeest und den Solisten Traudl Barni, Biggi Fahnenschreiber (die am 6. Mai 2018 als Zeitzeugin bei der Veranstaltung in der Volksbühne am Rudolfplatz dabei war) und Heinz Schmiedel sorgten für einen schmissigen Auftakt.

Im anschließenden Karnevalisten-Block waren diesmal Karl Höher, begleitet von Will Glahé, Mathias Brück, Hans Nacken, Jupp Schlösser, Karl Küpper, Karl Berbuer, das Steingass-Terzett und die Negerköpp vertreten.

Hans Jonen stellte, wie gewohnt, den Schalksnarren mit eigenen Versen dar. Es tanzten: die Roten Funken, die Blauen Funken, die Ehrengarde der Stadt Köln und das Schiffer-Tanzcorps der 30-jährigen Jubelgesellschaft Große Mülheimer K.G.

Das Kölner Konzertorchester unter der Leitung von Kapellmeister Carl Michalski, musikalischer Leiter der Bayerischen Staatsoperette München, und die Korpskapelle der Prinzengarde Köln unter der Leitung von Kapellmeister Christian Reuter waren für den musikalischen Teil zuständig.

Thomas Liessem, Präsident der Prinzengarde Köln und 2. Vorsitzender des Festausschusses des Kölner Karnevals e.V., war wiederum für Regie und Gesamtleitung verantwortlich.

Freitag, 6. Februar – 20 Uhr
Altstädter e.V.: Große Sitzung mit Damen

Samstag, 7. Februar
Ehrengarde der Stadt Köln: Sitzung mit Damen
Als Prinz Heinz im Vorraum das Düsseldorfer Amazonenkorps entdeckte, meine er: „Su vill Mädcher kann ich ävver nit bütze!" Ehrengarde-Präsident Ferdi Leisten bewahrte ihn davor, denn der ließ das Dreigestirn gleich auf die Bühne kommen. An diesem Samstag begleitete ein Reporter der Kölnischen Rundschau das Trifolium und so wissen wir heute, dass das Dreigestirn in seiner 14-tägigen Regentschaft sechzig Besuche zu machen hatte.

Sonntag, 8. Februar – 16 Uhr
Kölsche Funke rut-wieß
Prunk- und Renommiersitzung mit Damen

Montag, 9. Februar – 20 Uhr
1.FC Köln: Sitzung mit Damen

Dienstag, 10. Februar – 20 Uhr
K.G. Lyskircher Junge: Große Fremdensitzung in der Karnevalswoche mit anschließendem Ball

Mittwoch, 11. Februar – 20 Uhr
Ehrengarde der Stadt Köln: Große Prunk- und Fremdensitzung. Letzte Sitzung der Ehrengarde im diesjährigen Karneval.

Weiberfastnacht-Donnerstag, 12. Februar – 19.30 Uhr
Gr. K.G. Altstädter e.V.: Trad. Fest in Grün-Rot. Sitzung mit anschließendem Maskenball. Einzug von Prinz, Bauer und Jungfrau

Freitag, 13. Februar 1953
K.G. Treuer Husar – Prunksitzung mit Damen

Den farbenfrohen Auftakt zur Damensitzung bildete der Einzug des Elferrats in Begleitung des Tanzkorps „Jan von Werth". Präsident Rudolf Zeislmeier sorgte für einen flüssigen Ablauf des Programms, verteilte Orden und Bützjer. Als Literat schickte d'r Schmitze-Lang die wackeren Kämpen des Fasteleers in die Bütt und auf das Podium. Hans Schiffers neue Lieder fanden guten Anklang. Hans Jonen betätigte sich als Schnüffler in politischen Bereichen. Die Überraschung des Abends war der Jungkarnevalist Hans Friedrich, ein Europasoldat mit köstlichem Humor. Eine Rakete für Latz und Lätzchen, die urkomischen Parodisten, die das Spiel der Mimik voll und ganz beherrschen. Ina Hollmann kam als stilechtes Kind us d'r Maathall auf die Bühne. Der Schatzmeister der Gesellschaft, Peter Hück, hatte sich in einen Silberbräutigam verwandelt und die Lacher schnell auf seiner Seite. Karl Berbuer besang erfolgreich die Pänz vum Agrippina. Als Schlussnummer brachte das Eilemann-Trio das Haus noch einmal auf Hochtouren. Auch die Tanzgruppen der K.G. Frohsinn und vom Dellbrücker „Uhu" weilten bei den Husaren zu Besuch.

Karnevals-Samstag, 14. Februar – 20 Uhr
Ehrengarde der Stadt Köln
Der traditionelle Zigeunerball – Kostüm- und Gesellschaftsball mit Aufzug von Prinz, Bauer und Jungfrau mit großem Gefolge. Aufzug vieler Korps, Ballett

Karnevals-Sonntag, 15. Februar – 12 Uhr
Schull un Veedelszög 1953

Karnevals-Sonntag, 15. Februar – 16 Uhr
Große Kölner K.G.: Fremdensitzung mit Damen

Rosenmontag, 16. Februar – Abmarsch 11:45 Uhr
Festausschuß Kölner Karneval e.V. –
Rosenmontagszug 1953 – Kölsch Thiater

Rosenmontagszug 1953 - Kölsch Thiater
Ein persiflierender Querschnitt durch Volksstück, Schauspiel, Oper, Operette und Revue. Idee, Entwurf und Gesamtleitung: Thomas Liessem. Beratender Architekt: Joseph Op Gen Oorth, BDA. Der Zug war 3,5 Kilometer lang und führte über 7,3 Kilometer kölnischer Altstadtstraßen. 22 Festwagen, 29 Musikkorps, 19 Tambourkorps, 350 Pferde und 2800 Teilnehmer bildeten Kulissen, Komparserie und Stars dieses Massenzugstücks, den rund eine Million Besucher sahen.

Nach diesem Zug gab Zugleiter Thomas Liessem, der vor dem Krieg zusammen mit Carl Umbreit für vier Rosenmontagszüge verantwortlich war und ab 1949 alle Nachkriegs-Rosenmontagszüge verantwortlich geleitet hatte, sein Amt auf. Ferdi Leisten wurde sein Nachfolger. Der Zug wurde erstmals im Deutschen Fernsehen übertragen.

Montag, 16. Februar 1953 – 19.00 Uhr
K.G. Lyskircher Junge
Rosenmontagsball – Ball der Tausende

Dienstag 24 März

Catch-Turnier
mit Richard Grupe

Catch-Turnier mit Richard Grupe aus Hamburg

Richard Grupe war als Boxer im Jahr 1942 Vize-Europameister geworden. Jetzt, 38-jährig, ging er mit Catchern auf Tournee und war eines der Zugpferde. Sein Sohn Norbert Grupe war ebenfalls Boxer. Der wurde weniger durch sportliche Erfolge als durch einige „Besonderheiten" bekannt. Legendär sein Interview im ZDF-Sportstudio, bei dem er „sprachlos" blieb.

Samstag 6 Juni

Eisballett
Maxi und Ernst Baier

Eisballett Maxi und Ernst Baier im Williams Zelt-Theater am Westbahnhof

Da der „große Williamsbau" zu groß, die Nebenräume zu klein waren, konnte das auf Deutschland-Tournee befindliche Eisballett die „kleine" Ausführung nutzen, die auf dem Stellplatz am Westbahnhof in Sichtweite zum Williamsbau aufgebaut wurde. In einer prächtigen Ballett-Pantomime wurden „Circus-Luft" und chinesische Künste geboten. Als Krone des Ganzen gab es dann noch „Unsterbliche Walzer". Neben Maxi und Ernst Baier wirkten Spitzenläufer aus dem In- und Ausland mit. Dazu ein großes Ballett-Corps und das Eisballett-Orchester unter der Leitung von Eric Hein.

29 Juni — Konrad Adenauer spricht vor dem CDU-Mittelstandsblock

Konrad Adenauer spricht vor dem CDU-Mittelstandsblock
Auf der ersten öffentlichen Kundgebung des Deutschen Mittelstandsblocks, in dem Handwerker, Einzelhändler, Beamte, Haus- und Grundbesitzer zusammengeschlossen sind, sprach auch Bundeskanzler Dr. Konrad Adenauer. Vor mehr als 1000 Teilnehmern sicherte er zu, dass sich der Bundestag in der nächsten Legislatur-Periode ausführlich mit den Belangen des Mittelstandes befassen werde.

Konrad Adenauers Besuch in seiner Heimatstadt fand ein reges Echo in der Kölner Presse.

Undatiert, September
Lionel Hampton Big Band macht Station in Cologne
Im Rahmen seiner Europa-Tournee gastiert der US-amerikanische Jazzmusiker (1908-2002), der als Bandleader, Jazz Perkussionist und Vibrationsvirtuose zu den berühmtesten Namen der Jazzgeschichte zählt, auch in Köln. Mit prominenten Jazzmusikern, wie Benny Goodman, Charlie Parker und Quincy Jones arbeitete er zusammen und die Liste der Ensembles, in denen er spielte oder die er selbst gründete, ist ellenlang. Josef Dederichs, der als Fünfzehnjähriger von den Melodien der „Czárdásfürstin" (s. 1949) begeistert war, war als 21-Jähriger mit seiner Freundin in einer der Vorstellungen im Williamsbau. „Wenn sein „Vibrafon" erstrahlte, wippten die Sitzbänke und der Boden im Rhythmus auf und nieder", erinnerte er sich. Noch Jahre später hat er die Langspielplatte, die ihm seine Begleiterin, die inzwischen seine Frau war, zum Geschenk gemacht hatte, immer wieder aufgelegt. „Aber ich musste sie immer alleine anhören, denn die Musik war nicht nach dem Geschmack meiner Frau", erinnert er sich heute.

4. Dezember
Peter Müller siegt auch im Revanchekampf gegen Harry Mino, diesmal nach Punkten

26. Dezember
Peter Müller mit einem Punktsieg
Innerhalb eines Vierteljahres bestritt „die Aap" drei Boxkämpfe im Williamsbau. Dieser Kampf gegen Don Ellis war sein letzter im Williamsbau.

Samstag, 23. Januar – 20 Uhr
K.G. Lyskircher Junge: Sitzung mit Damen

Sonntag, 24. Januar – 17 Uhr
Kölsche Funke rut-wieß: Herrensitzung

Sonntag, 31. Januar – 16 Uhr
Große K.G. Altstädter
Jubelsitzung 30 Jahre Altstädter-Korps
Motto: Kölle, dat es jet för dich!
Ziemlich alles, was närrischen Rang und Namen hat, war der Einladung der jubilierenden Altstädter in den festlich dekorierten Williamsbau gefolgt. Das rund sechs Stunden dauernde Programm war entsprechend. Präsident Fritz Figge ehrte den Mitbegründer Heinrich Nüllen und Lyskircher-Präsident Jean Küster, der das erste Altstädter-Mariechen nach der Gründung war. Der Tanz der „Schusterjungen" der Fidelen Zunftbrüder führte zu Beifallstürmen des Publikums und die Negerköpp tollten, alles mitreißend, über die Bühne. Und dazwischen immer wieder Büttenreden: dr kölsche Boor, dr Schutzmann Streukooche, der Karnevalsminister und Heinz Ehnle als „bayerischer Landtagsabgeordneter". Helene Petzrich von den städtischen Bühnen und Joachim Liermann ließen zur Verschönerung des Geburtstagsfestes im Solo und als Duett die Sangeskunst hochleben.

Freitag, 5. Februar – 19 Uhr
V.D.K. und K.G. Alt-Köllen: Maskenball

Samstag, 6. Februar
Große Kölner K.G.: Sitzung mit Damen

Sonntag, 7. Februar – 17 Uhr
Prinzengarde: Jubiläumssitzung für Thomas Liessem

Montag, 8. Februar – 19.30 Uhr
Wolkenschieber
Sitzung mit anschließendem Ball

Samstag, 13. Februar – 20.00 Uhr
Ehrengarde der Stadt Köln: Sitzung mit Damen

Sonntag, 14. Februar – 16.00 Uhr
Lyskircher Junge: Herrensitzung

Montag 15 Februar
Karnevalssitzung
Kölner Hänneschen-Theater

Jubelnd begrüßt vom närrisch kostümierten Publikum zogen die sonst immer anonym mitwirkenden Puppenspieler der Stadt Köln unter festlichem Geleit der Ehrengarde und der Roten Funken – beide Korps gaben ihr Bestes, um das farbenfrohe Bühnenbild noch zu verschönern – in den restlos ausverkauften Williamsbau. Unter Präsident Albrecht Bodde, dem „Bürgermeister von Knollendorf", erlebten die Besucher ein paar fröhliche Stunden. „Wir wollen die Sitzung nicht bis Weihnachten ausdehnen", maßregelte Bodde allerdings einen Redner, der meinte, die Gunst der Stunde nutzen zu können, seine über Jahre gesammelten Witze anzubringen. Doch der „Mann mit dem Brett vor´m Kopp", dem Hans Jonen Gestalt und Stimme gab, erntete Begeisterungsstürme.

„Die Kämpen des Karnevals waren angetreten, um ihren Tribut der Freude zu zollen. Sie konnten hier beweisen, dass die Freude am Humor die eigentlichen Triebfedern zu ihrem Wirken in der Bütt und auf dem Podium sind, denn es gibt bei dieser Sitzung nur den Freundschaftsdienst und keine klingende Münze. Über Nachwuchs und alte Kräfte, über Negerköpp und Wolkenschieberballett führte die Reihe der Top-Karnevalisten bis zum Abschluss, den Karl Küpper mit vielen Lachsalven herbeiführte", so war in der Kölnischen Rundschau zu lesen, wobei nicht unerwähnt blieb, dass das Publikum hellauf begeistert war.

Mittwoch 17 Februar

Prinzenproklamation
Festausschuss Kölner Karneval e.V.
19 Uhr

Feierliche Proklamation Se. Tollität des Prinzen Karneval 1954 Hubert II. (Hubert Camps), Sr. Däftigkeit des Kölner Bauern Erasmus (Erich Schaub) und Ihrer Lieblichkeit der Kölner Jungfrau Theodora (Theo Bischof) durch den Herrn Oberbürgermeister der Stadt Köln. Anschließend Festspiel am Hofe seiner Tollität.

Die offizielle Rede des Prinzen war, wie Teilnehmer später erzählten, ein wahres Meisterstück – sie zeigte gleich allen, hier spricht ein echter Prinz und Meister des Wortes.

Prinz Hubert II. ist in die Geschichte als der Prinz mit der kürzesten Rede eingegangen. Er hatte sich gewissenhaft auf seinen Auftritt in seiner Gesellschaft, der Kölnischen, vorbereitet wie noch nie zuvor für einen Auftritt. Präsident Dr. Willy Jacobi hat später noch eine „Episode am Rande" erzählt, „die festhalten soll, dass unser Prinz nicht nur durch seine äußerliche Erscheinung, seine Wortgewandtheit, seinen prinzlichen Prunk die Menschen begeistert hat, sondern durch das am stärksten wirkte, was in dieser Episode so deutlich zum Ausdruck kommt, durch sein gutes Gemüt und sein ehrliches treues Herz". Dr. Jacobi weiter: „Als das Dreigestirn bei seiner eigenen Gesellschaft aufzog, standen alle auf den Stühlen. Das Bravorufen, das Beifallklatschen, das Händeschütteln wollte kein Ende nehmen, kaum dass ich als Präsident die offizielle Begrüßung vornehmen konnte. Als nun unser Hubert zum ersten Mal als Prinz zu der „Kölnischen" sprechen wollte, war manches Auge der alten Freunde ob des Glücks dieses Tages feucht. Hubert wollte sicherlich seine allerbeste Rede halten, da sah er seine „Mama", wie er sie immer zärtlich nennt, unten im Saal sitzend, die kaum von einer schweren Operation genesen war. Da verschlug es ihm die Stimme, er verbeugte sich vor ihr und für einen Augenblick war es ganz still im überfüllten Saal; dann prasselte ein Beifall los, der alles bisher Dagewesene weit in den Schatten stellte." Präsident Jacobi sagte ihm später: „Deine kürzeste Rede, Hubert, aber bestimmt Deine beste."

Samstag, 20. Februar – 20 Uhr
Große Kölner K.G.: Sitzung mit Damen

Sonntag, 21. Februar – 16 Uhr
Kölsche Funke rut-wieß: Herrensitzung

Montag, 22. Februar
1.FC Köln: Sitzung mit Damen

Dienstag, 23. Februar
Lyskircher Junge: Sitzung mit Damen

Weiberfastnacht-Donnerstag, 25. Februar – 19.30 Uhr
Große K.G. Altstädter
Sitzung mit Damen, anschließend Ball

Karnevals-Samstag, 27. Februar – 20 Uhr
Lyskircher Junge
Große Fremdensitzung, anschließend Maskenball

Karnevals-Sonntag, 28. Februar – 13 Uhr
Volkstümliche „Veedels un Schullzög"
ziehen durch die Stadt

Karnevals-Sonntag, 28. Februar – 16 Uhr
Große Kölner Karnevalsgesellschaft
Fremdensitzung mit Damen,
anschließend Maskenball

Rosenmontag, 1. März – 12 Uhr
Festausschuss des Kölner Karnevals e.V.
Der Rosenmontagszug 1954 „Et löstige Patentamt Kölle" – Wir patentieren und verwalten alle Erfindungen zu Wasser, zu Lande und in der Luft!

Rosenmontag, 1. März – 18 Uhr
Lyskircher Junge: Ball der Tausende

undatiert
1954

Eisballett
Maxi und Ernst Baier

Paarlauf in höchster Vollendung.

Maxi Herber und Ernst Baier haben das Paarlaufen revolutioniert – sie waren die ersten, die parallele Sprünge zeigten. Im Paarlauf mit Maxi Herber wurde Ernst Baier von 1935 bis 1939 fünfmal in Folge Europameister, von 1936 bis 1939 viermal Weltmeister und 1936 Olympiasieger in Garmisch-Partenkirchen. Nach der Amateurkarriere heirateten Baier und Herber 1940. 1951 gründete das Ehepaar die Eisrevue „Eisballett Maxi und Ernst Baier" und investierte in die Ausstattung 75 000 DM, ein Achtel dessen, was der große Konkurrent Holiday on Ice investiert hatte. Die Weltmeister Ria Baran und Paul Falk waren die großen Stars des Eisballetts „Die vier Jahreszeiten", mit der die Baiers auf Tournee gingen und auch im Williamsbau gastierten. Später wurde das Geschäft an Holiday on Ice verkauft, die Ehe wurde 1964 geschieden.

Circus Williams kehrt nach Köln zurück

November

★ **Circus Williams kehrt nach Köln zurück und bezieht das Winterquartier in Köln-Mülheim** ★

Mit 140 Wagen (!) kommt der Zirkus nach großen Erfolgen im Bundesgebiet und im Ausland nach Köln, um sein Winterquartier zu beziehen. Nach 418 ausverkauften Vorstellungen war jetzt eine Pause angesagt. Auf dem Güterbahnhof Köln-Ehrenfeld wurde Carola Williams unter anderem von Albrecht Bodde, Thomas Liessem und Ferdi Leisten mit einem riesigen Blumenstrauß begrüßt. Die Kapelle Christian Reuter spielte „In der Heimat gibt's ein Wiedersehen". Ein Köbes reichte Steinhäger und Kölsch als Begrüßungsgetränk – auch ein Elefant durfte einmal daran nippen.

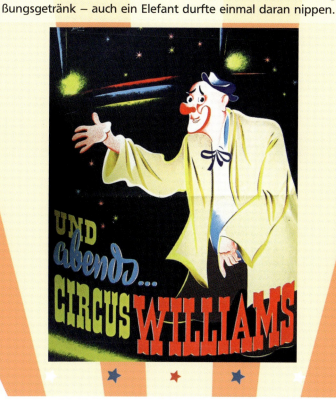

Mittwoch

Januar

Sitzung mit Damen
Festausschuß des Kölner Karnevals e.V.
19.30 Uhr

Erste große Gemeinschaftssitzung mit Damen zu verbilligten Preisen und ohne Weinzwang. In der Bütt und auf dem Podium die Elite des Kölner Karnevals. Musikkorps Christian Reuter. Einlass 18.30 Uhr – Ende 23.00 Uhr. Einheitlicher Eintrittspreis DM 2,00 und 20 Pfg. Sonderabgabe. Die Sitzung sollte am Mittwoch, dem 16. 02. 1955, wiederholt werden. Offensichtlich kam es anders. Denn die Idee einer „Gemeinschaftssitzung" war gut gemeint, erwies sich jedoch als „Flop".

Selbstkritisch bekennt Präsident Thomas Liessem im „Informationsdienst des Festausschusses" vom 2. 2. 1955: „Obwohl wir für DM 2,- Entrée, ohne Weinzwang, bei allerbestem Programm, im Williamsbau der breiten Masse eine solche Sitzung geboten haben, war diese Sitzung nur halb besetzt.

Zu gleicher Zeit waren Sitzungen der Gesellschaften ausverkauft, und im Kartenpavillon ließen die Käufer die Karten für DM 2,- unbeachtet und kauften statt dessen solche zu DM 4,- bis DM 10,-. Auch von dem aufgehobenen Weinzwang im Williamsbau (1/2 Liter Bier DM 1,10) machten die Besucher kaum zu einem Drittel Gebrauch. Zwei Drittel der Besucher tranken Wein.

Hierdurch ist klar erwiesen, dass die Interessenten für die Veranstaltungen des Kölner Karnevals die Sitzungen der reinen Gesellschaften bevorzugen. Wir können uns zu dieser Feststellung nur beglückwünschen, denn dieser Test stellt den uns angeschlossenen Gesellschaften für ihre Veranstaltungen das beste Zeugnis aus. Mit anderen Worten, hier ist eine klare Entscheidung gefallen, die uns veranlasst, von weiteren Versuchen dieser Art Abstand zu nehmen. Die noch vorgesehene Gemeinschaftssitzung fällt deshalb aus."

Mittwoch Februar Prinzenproklamation
Festausschuß des Kölner Karnevals e.V.

Prinz Alfred I., hier mit Oberbürgermeister Dr. Ernst Schwering und „seiner Jungfrau" Gundi, wusste nicht nur in Köln, sondern auch beim „karnevalistischen Staatsbesuch" in Mainz zu glänzen. Der junge Verleger bedankte sich damit u.a. auch für den glänzenden Auftritt der Mainzer Hofsänger bei seiner Proklamation im Williamsbau.

Feierliche Proklamation Sr. Tollität Prinz Alfred I. (Alfred Neven DuMont), Sr. Deftigkeit[18] des Kölner Bauern Hans (Hans Borgel) und Ihrer Lieblichkeit der Kölner Jungfrau Gundi (Günther Balve) durch den Oberbürgermeister der Stadt Köln Dr. Ernst Schwering. Festlicher Staatsbesuch des Prinzen Karneval von Mainz, Alexander I., und des närrischen Staatsministeriums.

---

[18] Nachdem jahrelang mit „ä" geschrieben wurde, zieht nun das „e" in „Sr. Deftigkeit" ein.

Es war ein rauschendes Fest mit einem strahlenden Prinzen. Im karnevalistischen Programmteil sah man Ludwig Sebus, der sich nach seiner Rückkehr aus russischer Kriegsgefangenschaft innerhalb kurzer Zeit mit selbst getexteten und teilweise auch eigenhändig komponierten Liedern einen guten Namen als Krätzchessänger gemacht hatte. Und noch eine Premiere gab es: die Mainzer Hofsänger hatten ihren ersten, von den Kölnern begeistert umjubelten Fernsehauftritt im Kölner Williamsbau. Sie wurden zu einem solchen Höhepunkt der Prinzenporoklamation, dass die Besucher fast den Boden zertrampelten und ihnen die Blumendekoration pfundweise auf die Bühne warfen. Lauter Karnevals-Amateure, von denen einer am Morgen des nächsten Tages wieder am Schraubstock stehen musste. Aber singen konnten sie, singen! Das war vielleicht ein Parodien-Strauß, den sie da banden. Da ging selbst Thomas Liessem das Herz über und den doch karnevalistisch abgebrühten Presseleuten auch. Su jet möht mer en Kölle han! Reverenz vor der Meenzer Fassenacht und diesen Mainzer Hofsängern!

Bis heute sind die Mainzer Hofsänger aus den Programmen der Mainzer Fastnacht und aus der alljährlichen Mainzer Fernseh-Sitzung nicht wegzudenken. Als die Ehrengarde der Stadt Köln 2015 eine Nostalgie-Sitzung im Kölner Gürzenich durchführte, waren auch die Mainzer Hofsänger im Programm. Ihr Auftritt war der Höhepunkt dieser einmaligen Veranstaltung unter Ehrengarde-Präsident Frank Remagen. „Hätte mer su jet doch nor en Kölle..." war so mancher Stoßseufzer auch diesmal zu vernehmen.

Glänzende Debüts: die Mainzer Hofsänger (l.) und der Kölner Krätzchenssänger Ludwig Sebus.

Samstag

12

Februar

Prunksitzung
Große Kölner K.G.

Der Ehrenpräsident des Kölner Karnevals und Präsident der Großen Kölner K.G., Albrecht Bodde, beging seinen 64. Geburtstag auf der Großen Prunksitzung seiner Gesellschaft im Williamsbau.

Viele Ehrungen wurden dem Altmeister des vaterstädtischen Festes zuteil. Auch das Kölner Dreigestirn, vor allem Prinz Alfred I., schloss sich den Gratulanten an. Einleitung zur Ehrung war der Aufzug des hervorragenden Wolkenschieberballetts.

Altmeister des kölschen Fasteleers: Albrecht Bodde

Im großen Reigen der Karnevalisten befanden sich u.a. Zwei Holzköpp, die Gebrüder Kürsch, Karl Berbuer, August Batzem und die Negerköpp. Geburtstagspräsent der Großen Kölner K.G. war ein origineller Blumenkorb. In- und ausländische Prominenz war zu Gast und erlebte ein urkölsches Fest.

Sonntag

Februar

Ball der
Kölsche Funke rut-wieß

Auf einer zehntägigen Informationsreise besuchten die Vertreter führender Pariser Reisebüros die Domstadt, um sich hier über die Einrichtungen des Fremdenverkehres zu informieren. Dr. Hans Ludwig Zankl, Direktor des Kölner Verkehrsamtes, besuchte mit den Gästen am Sontagmorgen eine Herrensitzung der Prinzengarde, am Abend im Kaiserhof die 3x0=0-Revue und machte zum Abschluss noch eine kurze Stippvisite beim Ball der Roten Funken im Williamsbau.

Mittwoch, 16. Februar – 19.30 Uhr
Festausschuss Kölner Karneval e.V.
Angekündigt in der Vorschau war eine Wiederholung der „Ersten Großen Gemeinschaftssitzung mit Damen" vom 26. Januar 1955. Laut der dort nachzulesenden Kritik kam es dazu jedoch nicht.

Karnevals-Sonntag, 20. Februar – 13 Uhr
Volkstümliche Schull- und Veedelszög
ziehen durch die Stadt

Rosenmontag, 21. Februar – Abmarsch 12 Uhr
Festausschuss Kölner Karneval e.V. –
Rosenmontagszug –
Lachende Sterne über Köln
Ein bunter astrologischer Bilderbogen mit einer Einleitung und 33 Bildern – Idee, Entwurf und Gesamtleitung: Ferdi Leisten. Beratender Architekt: Joseph Op Gen Oorth BDA. Der Gesamtweg des Zuges war etwa sieben Kilometer lang.

4 Mai — Protestkundgebung der Gemeinschaft der Wehrdienstverweigerer (GdW)

Am 25. September 1953 wurde die Gruppe Kölner Wehrdienstverweigerer (GKW) u.a. durch den IG-Metall Jugendsekretär Hans-Jürgen Wischnewski gegründet. Wischnewski („Ben Wisch") war damals in Juso-Führungsfunktionen, die anderen Gründungsmitglieder kamen zumeist aus dem Bereich der Falken.

Anfang 1955 hatte die inzwischen in GdW umbenannte Gemeinschaft bundesweit schon ca. 1000 Mitglieder, hauptsächlich jedoch in NRW. In diesem Jahr wurde die Diskussion um einen Wehrbeitrag der BRD immer konkreter, die Debatten im Bundestag bewiesen dies.

In einer Großkundgebung von GdW, AJK und mit Beteiligung des DGB Köln im Februar sprachen sich die zahlreichen Teilnehmer gegen jede Beteiligung Westdeutschlands an einem westlichen Militärbündnis aus. Am Vorabend der Pariser Verträge über die Einbindung der Bundeswehr in ein westliches Bündnis veranstalteten das AJK und die Wehrdienstverweigerer gemeinsam mit der SPD am 4. Mai eine mächtige Protestkundgebung im Williamsbau, der sich eine Fackeldemonstration zum Neumarkt anschloss. Dabei kam es zu tätlichen Auseinandersetzungen mit der Polizei, bei der der Juso-Funktionär Graf von den Ordnungshütern verprügelt wurde.

1956

Die Stadt Köln hatte den Zuschlag für die Ausrichtung der Bundesgartenschau 1957 erhalten. Im Stadtrat wurde diskutiert, das Gelände am Aachener Weiher, auf dem der Williamsbau stand, von der Bebauung zu befreien und in die Bundesgartenschau mit einzubeziehen. Da die Saalnot nach der Fertigstellung des Gürzenichs nahezu behoben war, schien der Verzicht auf den Williamsbau möglich. Allerdings gab es ein Hemmnis für den sofortigen Abbau bzw. Abriss: die Prinzenproklamation. Im Gürzenich, so wurde diskutiert, stehen nur ca. 950 Sitzplätze zur Verfügung – im Williamsbau waren es bei der Proklamation rund 2200 Plätze.

Und im darauffolgenden Jahr, wenn der Williamsbau nicht mehr da ist? Nun, die Messehalle VIII stand kurz vor der Fertigstellung und sie würde dann im Jahr 1957, entsprechend ausgestattet, der ideale Platz für die Prinzenproklamation sein.

So kam es dann – der Festausschuss entschied sich noch einmal für den Williamsbau als Schauplatz der Prinzenproklamation 1956. In den beiden Folgejahren 1957 und 1958 war es die Messehalle, und seit 1959 ist es endlich und dauerhaft der Kölner Gürzenich.

Mittwoch **Februar**

Prinzenproklamation
Festausschuss Kölner Karneval e.V.
20 Uhr

Feierliche Proklamation Sr. Tollität Prinz Karneval Wienand II. (Wienand Müller), Sr. Deftigkeit des Kölner Bauern Josef (Josef Caspers) und Ihrer Lieblichkeit der Kölner Jungfrau Wilhelmine (Wilhelm Austermann) durch den Oberbürgermeister der Stadt Köln Dr. Ernst Schwering und Festspiel am Hofe seiner Tollität.

Wie alljährlich widmeten die Kölner Zeitungen der Prinzenproklamation eine hohe Aufmerksamkeit mit umfangreicher Berichterstattung.

Oberbürgermeister Dr. Ernst Schwering huldigte mit einer Sammlung von Aphorismen dem Dreigestirn, nahm die feierliche Proklamation vor und überreichte die Belle. Pünktlich um 20 Uhr begann die Ouvertüre zum Opernball. Dann betrat der Hofnarr des Prinzen (Hans Jonen) die Bühne zum Prolog. Es folgten die farbenprächtigen Auftritte der Korps und Tanzgruppen, die dem alten und neuen Dreigestirn die Ehre gaben. Das vorjährige Dreigestirn trug blaue Zylinder. Vizepräsident Ferdi Leisten begleitete den Kölner Bauern und die Kölner Jungfrau, die mit viel Beifall bedacht wurden. Der Jubel steigerte sich fast zum Orkan, als die Prinzenstandarte sichtbar wurde und Präsident Thomas Liessem den Prinzen zum Thron der Freude führte. Die Prinzengarde machte den Abschluss des „kölschen Fastelovends-Festaktes", dem sich die Festsitzung mit Festspiel am Hofe seiner Tollität anschloss.

Und das begann dann mit einem zauberhaft leichtfüßigem, aber künstlerisch gesehen mit einem „Schwergewicht": Anneliese Rothenberger von der Hamburger Staatsoper. Sie gastierte weltweit an berühmten Bühnen und faszinierte auch das Kölner Publikum mit ihrer glockenhellen Stimme. Ihr Auftritt war tagelang Gesprächsthema und Präsident Thomas Liessem – in dieser Funktion erstmals nach seiner Wahl als Nachfolger von Albrecht Bodde – war nahezu sprachlos vor Glück.

Mit dabei waren das Ballett des Kölner Opernhauses unter der Leitung des Ballettmeisters Karl Bergeest, Hermann Hagestedt mit seinem Orchester und die Korpskapelle der Prinzengarde unter Christian Reuter. Sie alle machten dem Titel „Festspiel" alle Ehre und auch das Publikum blieb höchst aufmerksam und applaudierfreudig. Als Sondereinlage wurde noch eine Karnevals-Ouvertüre von Harry Risch aufgeführt.

Im rein karnevalistischen Teil waren das Wolkenschieberballett und die Karnevalisten Georg Pieck, Hans Friedrich, Max Mauel, Jupp Schlösser, August Batzem, Drei Blötschköpp und das Eilemann-Trio die Freudenspender. Die Korps der Roten Funken, der Ehrengarde der Stadt Köln und der Blauen Funken zeigten ihre traditionellen Korpstänze. Vermisst wurde Karl Berbuer, der erstmalig bei einer Nachkriegs-Prinzenproklamation fehlte. Er weilte auf Einladung der „Exil-Rheinländer" in den USA.

Spaß an der Freud
VKG Alt-Köllen

3 Februar

Heinz Müllenholz hatte diese Sitzung für den Verband der Kriegsbeschädigten organisiert und in der KG Alt-Köllen eine Gesellschaft gefunden, die diese Veranstaltung uneigennützig ausrichtete. Bunte Korpsaufzüge bereicherten das farbenfrohe Bild und das Dreigestirn konnte sich über einen begeisterten Empfang freuen. „Es war einer der schönsten Triumphe unserer Regierungszeit", war später zu hören.

Samstag **Februar**

Jubiläums-Sitzung
Prinzengarde Köln
20 Uhr

Prinzengarde Köln feiert Jubiläum

Glanzvoll verlief die Jubiläums-Sitzung der Prinzengarde, deren Präsident Thomas Liessem sich mit einer Gewaltkur gegen die Grippe gestemmt hatte und auch offensichtlich eine Gewaltkur für Fröhlichkeit und Humor mitgemacht hatte. Albrecht Bodde kam mit dem Rat der Großen Kölner und wünschte, dass der Prinzengarde noch viele Jahre voller Sonnenschein beschieden seien. Oberbürgermeister Dr. Ernst Schwering attestierte Thomas Liessem, seit 27 Jahren ein energische Präsident seiner Gesellschaft zu sein, die sich auch in den folgenden Jahrzehnten einer Vormachtstellung erfreuen solle.

Für seine anerkennenden und humorvollen Worte wurde der Oberbürgermeister auch prompt befördert: ab sofort darf er sich „Gefreiter" des weiß-roten Korps nennen. Ferdi Leisten gratulierte als Präsident der Ehrengarde und als Vize-Präsident des Festausschusses: *„Die Prinzengarde hat sich als führende Gesellschaft auch im Laufe des Jahres zum gesellschaftlichen Leben, Familien- und Freundschaftsbande verdienstvoll bemüht. In der Reihe der namhaften Präsidenten hat sich Thomas Liessem einen Ehrenplatz erworben und das stolze Korps zu neuem Glanz geführt."*

Korps, Redner und Sänger bewarben sich in der Bütt und auf dem Podium um die Gunst des Publikums, das aber schließlich zwei Favoriten ausmachte: Inge Maisch von der Kölner Oper als Sängerin und Theo Burauen, Bürgermeister der Stadt Köln und Stellvertreter von Dr. Schwering. Er kletterte in die Bütt und verließ sie, beifallumbrandet, nach eine glanz- und humorvollen Rede. Literat Franz Pohl durfte mit seiner Programmgestaltung zufrieden gewesen sein. Die jubilierenden Narren dankten es ihm jedenfalls mit einem kräftigen Köllen alaaf.

Quellenangaben

Aus meiner eigenen Zeitungsausschnitt-Sammlung und aus einer privaten Sammlung 1945-1954 eines Karnevalisten, der nicht namentlich genannt werden möchte, standen mir zur Verfügung:
- Kölnischer Kurier (bis 26.2.1946)
- Rheinische Zeitung (ab 2. März 1946)
- Volksstimme (ab 4. März 1946)
- Kölnische Rundschau (ab 19. März 1946)
- Kölner Stadt-Anzeiger (ab 29. Oktober 1949)
- Unser Köln (1949/1952) – Hg. Kölner Arbeitsgemeinschaft für Heimatpflege)
- Kölner Karnevals-Ulk – offizielles Organ des Festausschusses Kölner Karneval e.V. Die erste Nachkriegs-Ausgabe im 66. Jahrgang erschien am 11.11.1948.
- Kölner Narrenspiegel (1951 Nachfolger des Karnevals-Ulks, der aber in den 60er Jahren „einschlief". Das (inzwischen umbenannte) Festkomitee des Kölner Karnevals von 1823 ließ den Kölner Narrenspiegel 1977 wiederaufleben.
- Express Köln
- Programm-Hefte der Große Kölner KG der Ehrengarde der Stadt Köln, der KG Altstädter und der Roten Funken.
- Festkalender – herausgegeben vom Verkehrsamt der Stadt Köln in Verbindung mit dem Festausschuss Kölner Karneval 1950, 1951, 1953, 1954
- Chronik Köln (Chronik-Verlag im Bertelsmann Lexikon Verlag)
- Das Neue Köln 1945-1995 (Hg. Stadt Köln)
- Reinold Louis: Kölnischer Liederschatz (Greven Verlag Köln)
- Reinold Louis: Aufgebaut – Rote Fingernägel krallen nach schwarzer Währung (Marzellen Verlag Köln)
- Frau Jeanette Williams überließ mir einige Programmhefte von Veranstaltungen, die im Williamsbau stattgefunden haben.
- Wolfgang Oelsner recherchierte in der Zeitungssammlung der Kölner Stadtbibliothek und im Archiv des Festkomitees Kölner Karneval von 1823 e.V.

Die Gespräche mit den hier zitierten Zeitzeugen Lotti Krekel (Schauspielerin), Biggi Fahnenschreiber (ehem. Solotänzerin, Tanzlehrerin), Ludwig Sebus (Liederdichter und Sänger), Oskar Hamacher (ehem. Büttenführer, General der Roten Funken) und dem Historiker Dr. Martin Stankowski haben Wolfgang Oelsner und ich am 6. Mai 2018 in der Volksbühne am Rudolfplatz geführt.

Jeanette Williams (Tochter von Carola Williams), Caroline Williams (Enkelin) und Dominik (Urenkel) sowie J.H. Wozniak (Sohn des ehemaligen Bevollmächtigten von Carola Williams), Walter Thelen (Modellbauer und Chronist des Circus Williams), Ewald Kappes (Präsident Lyskircher Junge), Hans Kölschbach (Präsident Altstädter Köln), Curt Rehfus (Kommandant der EhrenGarde der Stadt Köln), Dr. Joachim Wüst (Präsident Große Kölner und Vizepräsident Festkomitee) und Christoph Kuckelkorn (Präsident des Festkomitees Kölner Karneval von 1823 e.V.) waren Bühnen- und Interview-Gäste am 6. Mai 2018 in der Volksbühne am Rudolfplatz. Prof. Hans-Georg Bögner, Geschäftsführer der SK Stiftung Kultur und „Hausherr" der „Volksbühne am Rudolfplatz", sprach ein Grußwort.

Oberbürgermeisterin Henriette Reker weilte auf Auslandsreise in China und hatte eine Video-Botschaft übermittelt. Heinz-Günther Hunold und Willy Stollenwerk — Präsident und Vize-Präsident der Kölsche Funke rut-wieß vun 1823 e.V. — überreichten Jeanette Williams auf der Bühne den Orden der Roten Funken und ein Blumenangebinde. Die Cheerleader des 1.FC Köln konnten aus Platzgründen ihre Tänze nicht auf der Theater-Bühne darbringen. Sie bildeten zusammen mit „De Plaggeköpp vun 98" (besteht aus den Fahnen- und Standartenträgern der Gesellschaften, die dem Festkomitee des Kölner Karnevals angehören) Spalier im Theater und führten den Zug zum Carola-Williams-Park an. Hier konnten die Cheerleader unter freiem Himmel und in herrlicher Kulisse ihre Tänze aufführen.

Grande Dame Carola Williams – sie bereiste die Welt und blieb ihrer Heimatstadt Köln ewig verbunden

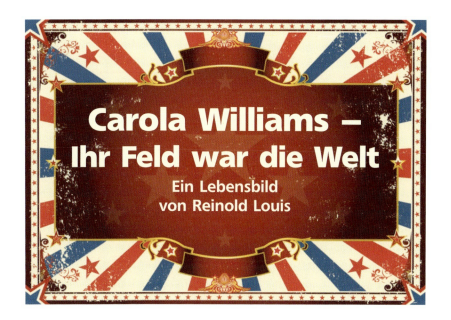

Leidenschaft für den Circus und eine Liebe für Köln

Ein grauer Grabstein auf dem Friedhof Melaten, direkt neben der letzten Ruhestätte von Ferdi Leisten und in unmittelbarer Nachbarschaft zur Grabstätte von Carl Sartory gelegen, erinnert an

Carola Williams
geb. Althoff
geboren am 01. Dezember 1903 in Bad Sassendorf
verstorben am 11. Dezember 1987 in Köln

Wer kennt in Köln nicht Hedwig Neven DuMont und ihr weitreichendes soziales Engagement, wer bewunderte nicht Alexandra Kassen, die 2016 verstorbene „Grand Dame" und Prinzipalin des Senftöpfchens? Nicht zu vergessen Herta Reiss, die von so vielen schmerzlich vermisste Ex-Gastronomin der Köln-Messe und Förderin zahlreicher Einrichtungen? Respekt und liebenswerte Aufmerksamkeiten, wo immer sie anzutreffen sind, werden ihnen entgegengebracht. So, wie es vor drei Jahrzehnten, bis zu ihrem Tod 1987, für Carola Williams immer der Fall war.

Spross der Zirkusdynastie Althoff

Carola Williams stammte aus der ältesten Zirkusfamilie im deutschsprachigen Raum, den Althoffs. Bereits um 1740 werden sie erstmals in alten Kirchenbüchern der Gemeinde Freyaldenhoven, zwischen Aachen und Düsseldorf gelegen, genannt. Die „von Aldenhoven", deren Namen sich mit der Zeit in „Althoff" wandelte, zogen und ziehen als Schauspieler, Seiltänzer, Akrobaten und Dresseure durch die Lande; auf Marktplätzen der Städte und Dörfer oder später in Zelten begeisterten sie ihr Publikum. Carl Althoff war der wohl bekannteste und berühmteste der Familie, deren Nachkömmlinge teilweise unter ihrem bekannten Namen jeweils einen eigenen Zirkus gründeten. So wie seine Tochter Carola, die bereits im Alter von drei Jahren (!) ihr Manegen-Debüt als „kleinste Voltigeuse der Welt" bestritt und deren Leidenschaft aber vor allem den Pferden galt. Mit sechs konnte sie reiten wie Buffalo Bill und schwor, alle Brüder zu entlassen, wenn sie erst einmal die Chefin wäre. Als sie 1930 mit Wilhelm Hagenbeck ihr erstes eigenes Unternehmen gründete, war sie die jüngste Zirkusdirektorin der Welt.

1931 heiratete Carola Althoff den Artisten Harry Barlay, wurde Mutter eines Sohnes, dem sie den Namen Reinhold („Holdy") gab und gründete ihr erstes eigenes Unternehmen, den Circus Barlay. Die Ehe ging auseinander und Carola Althoff kehrte mit dem gemeinsamen Sohn ins Familienunternehmen zurück. Holdys Tochter, also Carolas Enkelin Arianna Barlay, lebt heute in Italien. Ab 1936 leitete Carola zusammen mit ihrem Bruder Franz das elterliche Unternehmen bis in den zweiten Weltkrieg hinein.

Carola Williams mit Sohn
Reinhold „Holdy " aus ihrer
ersten Ehe mit Harry Barlay.

Carola und der Engländer
Harry Williams heirateten
1941 während des Krieges

Ehe mit Harry Williams, Familien- gründung und Schicksalsschlag

Im Jahre 1941 heiratete sie in zweiter Ehe den in Oldenburg geborenen Jockey und Tierlehrer Harry Williams, der einen britischen Pass besaß und der über den Umweg der Truppenbetreuung für die englischen Streitkräfte den Weg nach Köln gefunden hatte. In den Kriegswirren verloren sie fast ihr gesamtes Hab und Gut. Bereits im Juni 1945, wenige Wochen nach Kriegsende, reisten sie mit ihren inzwischen geborenen Kinder Jeanette und Alfons in angemieteten Zeltanlagen als „The Great Williams Circus Show" durch die Lande. Der Circus wurde in kurzer Zeit zum Sprungbrett für manch große Karriere. Der bekannte Raubtierlehrer Gerd Siemoneit-Barum heuerte 1946 im Hause Williams als „Mädchen für Alles" an, bevor er zum Circus Barum wechselte. Heinz Geier, späterer Direktor des Doppelcircus Busch-Roland, fing bei Williams als Tierpfleger an und im Jahre 1947 fand Günther Gebel bei Williams eine

Harry Williams mit Töchterchen Jeanette. Harry verunglückte am 19. Dezember 1950 in London und erlag am 10. Januar 1951 seinen Verletzungen.

Am 21. Juni 1960 verunglückte Sohn Alfons Williams, der auf Wunsch seiner Mutter im Hotelfach ausgebildet war, bei einem Autounfall tödlich.

Bleibe. Ein beheiztes Winterzelt an der Erkrather Straße in Düsseldorf vermieteten sie an die Düsseldorfer Karnevalisten. Deren Säle für große Veranstaltungen waren wie auch in Köln noch zerstört.

Schon ab 1946 arbeiteten Carola und Harry zielstrebig an der Errichtung eines halbfesten Winterbaus in Köln. „Mit einem ausgiebigen Zeremoniell und vielen Ansprachen", so die Kölnische Rundschau, wurde er am 25. Juli 1947 zwischen Aachener Weiher und Innerer Kanalstraße im Grüngürtel eröffnet und seiner Bestimmung übergeben. Carola Williams nannte ihn zeitlebens „Mein Kolosseum". In einem mehrseitigen Circus-Williams -Prospekt „Die Welt ist mein Feld" aus dem Jahr 1950 ist zu lesen:

„Der schönste europäische Circus der Gegenwart, der 'Rennbahn-Circus Harry Williams', hat in Westdeutschland und in Köln am Rhein seinen Stammsitz. Hier steht an der Aachener Straße das feste Haus, der 'Williamsbau'. Er ist gegenwärtig mit seinen 3000 Sitzplätzen noch das größte Veranstaltungshaus Westdeutschlands. Er eignet sich für alle Darbietungen, als Festgebäude für Bälle, Theater, Sitzungen und Sport. Hier hat in der Zeit der großen Raumnot nach dem Krieg vor allem aber der Kölner Karneval seine Auferstehung gefeiert."

Informative Broschüre des Circus Williams im DIN A 4-Format, in der auch der Williamsbau vertreten ist.

In der Chronik des vorangehenden Kapitels sind die Veranstaltungen im Williamsbau vom Tag der Eröffnung an bis zum Abbau 1956 ausführlich dokumentiert.

Neben dem halbfesten Winterbau in Köln hatte Harry Williams noch einen transportablen Winterbau. Der und die dazu gehörenden Winterstallungen waren Holzkonstruktionen. Beide wurden durch eine besondere Heißluftanlage geheizt. Die Stallungen waren mit dem Vorstellungsbau verbunden, so dass die Tiere während der kalten Wintermonate vor oder nach ihrer Manegen Vorführung nicht der Kälte ausgesetzt wurden. Die ist für exotische Tiere besonders unverträglich.

Der Gerüstbau war im Inneren durch ein Stoffplafond verhängt, so dass eine warme, prächtige Innenausstattung entstand, die dem Besucher das Gefühl der Behaglichkeit und Geborgenheit verlieh. Der transportable Williams-Winterbau ermöglichte es dem Zirkus, seine

Ein imposantes Bild bot sich dem Betrachter im Williamsbau, wenn der Karneval hier Einzug gehalten hatte. Die prachtvollen Dekorationen (s. unten ein Ausschnitt) begeisterten immer wieder die Teilnehmer der Veranstaltungen.

Vorführungen auch im Winter zu zeigen. Der Winterbau stand bei der damaligen Raumnot in den zentralen Großstädten auch für Veranstaltungen anderer Art z.B. Operetten, Revuen und sportlicher Art zur Verfügung.

Am 19. Dezember 1950 traf Carola Williams ein harter Schicksalsschlag, als Harry Williams bei Proben für ein „Römisches Wagenrennen" in der Londoner Harringay-Arena schwer verunglückte. Er wollte einem Bereiter zeigen, wie man überholt. Dabei kippte der Wagen in der Kurve um und Harry Williams stürzte an einer Podiumskante so unglücklich, dass er einen Schädelbasisbruch erlitt. Am 10. Januar 1951 erlag er seinen schweren Verletzungen. Auf dem Friedhof Melaten fand er seine letzte Ruhe in der Familien-Grabstätte der Williams.

Harry Williams und seine Truppe bei einer Werbefahrt für das von ihnen im Zirkus gezeigte „Römische Wagenrennen".

Von heute auf morgen stand Carola alleine mit dem Unternehmen da, doch sie meisterte tapfer ihr Schicksal. 1951 vermietete sie das Zirkusmaterial an ihren ersten Ehemann Harry Barlay. Doch schon im darauffolgenden Winter 1951/52 glänzte der Name WILLIAMS wieder bei einem Gastspiel im Cirque Royal, dem Zirkusgebäude in Brüssel.

Ihr Bruder Adolf Althoff unterstützte sie in dieser schweren Zeit. Am 4. November 1955 wurden Carola Williams und ihrem Bruder Adolf anlässlich des Berlin-Gastspiels von der „Gesellschaft der Circusfreunde in Deutschland" die erste „Ernst-Renz-Gedächtnis-Plakette" verliehen. Die Geschwister trennten sich 1956 beruflich, und im November 1957 bezog der Circus Williams das neu erbaute Winterquartier in Köln-Mülheim. Mit dem Winterquartier in Köln wurde auch ein festes Heim für die beiden Kinder Alfons und Jeanette geschaffen, welche beide auf Wunsch ihrer Mutter zunächst einen bürgerlichen Beruf erlernten. Alfons Williams wurde im Hotelfach ausgebildet, Jeanette Williams erwarb den Kaufmannsbrief der Handelskammer Köln. Erst danach kehrten beide zum Zirkus zurück. Jeanette entwickelte sich zur begabten Dressurreiterin, ihr Bruder zum vielversprechenden Pferdedresseur.

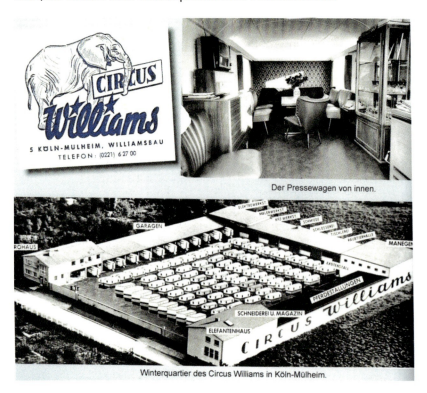

Der Pressewagen von innen.

Winterquartier des Circus Williams in Köln-Mülheim.

Auf Erfolgstournee durch Europa

Günter Gebel kam 1949 mit seiner Mutter nach Köln zum Circus Williams. Als diese nach einem Jahr weiterreiste, blieb der Junge auf eigenen Wunsch zurück und machte sich nach und nach im Zirkus in vielen Bereichen nützlich. Nach dem Tod ihres Mannes adoptierte Carola ihn, und in den Folgejahren entwickelte er sich zu einem Fachmann aus dem Gebiet der Tierdressur. Die Amerikaner lockten ihn über den Teich, aber er hielt seiner Ziehmutter – und vorübergehend auch Schwiegermutter – die Treue.

In den Folgejahren bereiste der Circus Williams die gesamte Bundesrepublik und in Kooperationen mit ausländischen Zirkusunternehmen fast ganz Westeuropa. Schweden, Holland, Österreich und sogar Italien erlebten die „Große internationale Circus-Show".

Während der Belgien-Tour 1960 wurde Carola Williams erneut vom Schicksal hart getroffen. Ihr Sohn Alfons Williams verunglückte am 21. Juni 1960 bei einem Autounfall tödlich. Ihre Tochter Jeanette und Adoptivsohn Günther Gebel, der nun den Familiennamen Gebel-Williams führte, standen ihr in dieser schweren Zeit bei. 1961 traten Jeanette und Günther miteinander in den Stand der Ehe. Die währte jedoch nur sechs Jahre, aber Günther Gebel-Williams blieb auch nach der Scheidung im Zirkus seiner Ziehmutter. Von 1962 bis 1966 reiste man zusammen mit den spanischen Zirkusdirektoren Castilla und Feijo als „Spanischer National-Circus". Neben ausgezeichneter Artistik begeisterte das Unternehmen vor allem mit erstklassigen hauseigenen Tiernummern und wurde dafür im Jahre 1962 von der „Fédération Internationale du Cirque" mit dem Circus Oscar als weltbestes Zirkusprogramm ausgezeichnet

Im Winter 1967 wurde zusammen mit der italienischen Zirkusfamilie Togni als Circo di Berlino in Italien gereist. Ab 1967 reiste man wieder unter dem Namen „Circus Williams". Während des Berlin Gastspieles im Jahre 1967 wurde Günther Gebel-Williams von der „Gesellschaft der Circusfreunde in Deutschland" die „Ernst-Renz-Plakette" verliehen.

Abschiedsvorstellung in Köln-Deutz 1968

Nach Abschluss der 1968er Saison wurden die hauseigenen Tiernummern mit einem Fünf-Jahres-Engagement an „Ringling Bros. and Barnum and Bailey" vermietet und am 3. November 1968 mit dem schwedischen Containerschiff „Atlantic Saga" von Hamburg nach Amerika verschifft. Mit den 17 Elefanten, 9 Tigern und 25 Pferden verließen auch Jeanette Williams, ihr Cousin Henry Schroer, Günther Gebel-Williams und über 30 weitere Artisten und Tierpfleger mit dieser „circensischen Arche Noah" Deutschland in Richtung Neue Welt.

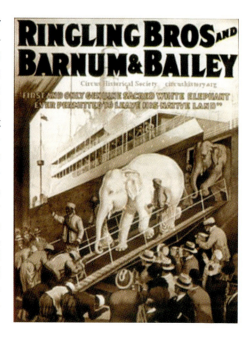

Finanzielle Schwierigkeiten für diese Entscheidung hat Carola Williams ausdrücklich ausgeschlossen: „Meine Tochter und mein Pflegesohn haben mich sehr gebeten, endlich einmal aufzuhören, diese große Verantwortung zu tragen und mir noch ein paar Jahre persönlicher Freuden zu gönnen."

Im Juni 1972 erteilte Carola Williams dem von 1956 bis 1962 als Direktions-Stellvertreter fungierenden Anton Wozniak, der nach der Auswanderung der Kinder ihr engster Vertrauter wurde, „Vollmacht für mein gesamtes Material und Kassenführung". Die Aufgabenstellung als „mein rechtlicher Vertreter" formulierte sie handschriftlich: „Meine Anordnungen sind in jedem Falle, soweit es meine Interessen betrifft, zu befolgen und einzuhalten."

In einer Interview-Anfrage der Frankfurter Allgemeinen Zeitung nannte Carola Williams im Februar 1975 die Personalfrage als einen weiteren Grund: *„Mein Stammpersonal, welches ein Circusbetrieb*

Präsident Albrecht Bodde ernennt Carola Williams zur Ehren-Ratsherrin und überreicht ihr auf einer Sitzung der Großen Kölner KG die Urkunde.

unbedingt haben muss, wurde ja auch älter. Ich hatte Mitarbeiter, die 30-35 Jahre in meinem Betrieb gearbeitet haben (z.B. Geschäftsführer, Presse- und Personalchef, Buchhalter, Maschinen-, Verlade-, Stallleiter, Chefelektriker, Reklamechef etc). Diese Leute wollten endlich auch einmal ein geruhsames Leben führen."

Seit Oktober 1968 – der Circus Williams hatte eine dreiwöchige Abschiedsvorstellung in Köln-Deutz an der Konstantinstraße gegeben – trug Carola Williams zwar keine Verantwortung mehr für einen Zirkus, doch verfolgte sie von Köln aus, wie es weiterging. Das Fernsehen war zur harten Konkurrenz geworden, trotzdem gab es Mitte der 70er Jahre in Deutschland noch einige Zirkusunternehmen, z.B. Krone, Sarrasani, Barum-Siemoneit und Busch-Roland, die die Massen anlockten und denen es wirtschaftlich auch gut ging. In einem Interview 1975 meinte Carola Williams, das Fernsehen sei keine Konkurrenz mehr für die großen Zirkusunternehmen und sie nannte auch die Gründe, die ihrer Meinung nach zum Erfolg beigetragen hatten: „Dem heutigen Besucher ist es wichtiger geworden, individuell das Programm zu erleben, das Fluidum, den Geruch der Tiere, die Künstler direkt anzusehen."

Doch das „Hoch" sollte sich wieder ändern. Es wurde immer schwieriger, qualifiziertes Personal zu bekommen. Den enormen Stress wollte nicht jeder: nur in der Winterzeit sonn- oder feiertags frei, immer wieder dalli dalli, Aufbau, Abbau, Reisetag und dann wieder dasselbe. Kautionen, die die Städte verlangten, betrugen zwischen 120 000 und 150 000 DM für eine Saison und oftmals, so klagte Carola Williams, „wartet man ein bis zwei Jahre, bis diese verrechnet werden können.".

Mäzenatin und Grande Dame in Köln

In Köln fühlte sich Carola Williams zuhause. Wenn sie in Florida länger bei ihren Kindern weilte, stellte sich das Heimweh ein und sie sehnte sich nach ihrem Lieblingsessen in ihrem Lieblingslokal, dem „Marienbild" auf der Aachener Straße bei Spitzenkoch Gustl Richter („Flönz und Sauerkraut un ne Halve Hahn") und nach ihrem Lieblingsplatz in der Domstadt: „Im Stadtwald gehe ich so gerne spazieren!"

Ihre Tochter Jeanette musste ihr bei jedem Besuch in Florida in die Hand versprechen, sie nach Köln überführen und dort beerdigen zu lassen, falls sie in USA sterben sollte. Jeanette Williams: „Meine Mutter war Kölnerin durch und durch, sie liebte die Stadt und wollte nirgendwo anders leben." Im Interview mit Express im April 1984 hatte Carola Williams auf jeweilige Fragen geantwortet, dass sie die ständigen Veränderungen der Einbahnstraßen in Köln ärgerlich finde („Man findet sich nicht mehr zurecht"), dass sie gerne ins Millowitsch-Theater geht („meine besten Freunde"). Und wen würde sie gerne einmal treffen? „Herrn Dr. Burauen und Gattin." Dieser Wunsch sollte in Erfüllung gehen und das Treffen mit Kölns populärem Oberbürgermeister Dr. Theo „Döres" Burauen führte zu einer langjährigen Freundschaft, die bis zum Tod von Bertha Burauen (25. 9. 1987) und Theo Burauen (28. 10. 1987) sehr eng war.

Im sozialen Bereich war Carola Williams, ohne Aufhebens zu machen, sehr engagiert. Wohltätigkeitsveranstaltungen unterstützten die Aktion „Rettet das Kind" für bedürftige Kriegswaisen und kinderreiche Mütter. Für den Wiederaufbau der Kölner Oper wurden Sonderveranstaltungen im Williamsbau durchgeführt. Der Wiederaufbau der Apostelnkirche und der Unterhalt eines Krankenhauses waren ihr zeitlebens ein Anliegen, und ihr Engagement ist bis heute eng mit der Stadt Köln verbunden und tief in der Bevölkerung verwurzelt.

Im Kölner Gesellschaftsleben war Carola Williams schnell integriert und sie war überall ein gern gesehener Gast. Die Große Kölner KG hatte sie schon 1958 mit der „Goldenen Ehrennadel" ausgezeichnet. In ihrem Büro im Williamsbau war ein ständiges Kommen und Gehen. Tochter Jeanette erinnert sich gerne: „Wenn Onkel Theo (Burauen), Onkel Ferdi (Leisten) oder Onkel Tommes (Thomas Liessem) zu Besuch kamen, gab es für uns Kinder immer etwas Leckeres!"

Während des Berlin-Gastspiels machte auch der Regierende Bürgermeister Willy Brandt mit Ehefrau Ruth und den beiden Söhnen einen Besuch in Carolas Wohnwagen.

Willy Millowitsch, Chef ihres „Lieblingstheaters", und Theo Burauen waren gute Freunde.

Günter Gebel, den die Amerikaner Gunter nannten, erhielt in Berlin das Bundesverdienstkreuz für seine außergewöhnlichen Arbeiten mit Tieren. Adoptivmutter Carola war mit dabei, als die Auszeichnung verliehen wurde.

Anlässlich ihres 70. Geburtstages erschien in einem Fachorgan ein liebevoll geschriebener Beitrag, in dem ihr bescheinigt wird, „eine ungewöhnliche Frau voll sprühendem jugendlichen Charme" zu sein. Wir erfahren aber auch, wie es in ihrem Arbeitszimmer aussieht: „Es ist übersät voll Erinnerungen. Der vollbepackte Schreitisch würde einer überlasteten Industrieanlage alle Ehre machen. Treu umsorgt von „Mariechen", die ihr schon 25 Jahre als Hausgehilfin zur Seite steht und ihrem Chauffeur Peter, der seit 15 Jahren zum Hause Williams gehört, blieb sie in einer gepflegten, stilvollen Luxus-Atmosphäre eine unverkennbare Kölnerin ohne Starallüren. Eine Tiroler Bauernstube aus dem 18. Jahrhundert, viele Kostbarkeiten aus Meißner Porzellan und u.a. ein Mokka-Service vom russischen Zaren-Hof sind Geschenke ihres Mannes. Erinnerungen an eine gemeinsame glückliche Zeit." Als Begegnungen mit einer „sehr angenehmen Dame in einer gepflegten, großzügigen Wohnung" hat der Braunsfelder Arzt Dr. Hans Grüter seine Hausbesuche in der Vincenz-Statz-Straße in Erinnerung.

Zwei Dinge sollen nicht unerwähnt bleiben: Carola Williams war eine leidenschaftliche Skatspielerin – so wurde es nach und nach immer schwieriger, einen „dritten Mann" zu finden. Man(n) hat schließlich seinen Stolz! Und Carola Williams war eine streng katholische Frau. Und doch hätte sie jede Vorstellung abgesagt, wenn sie kurz zuvor einen ihrer Mitarbeiter mit einem Besen in der Manege gesehen hätte. „Mit dem Besen fegt man das Glück hinaus", heißt eine eherne „Zirkus-Wahrheit". Aberglaube muss Künstlern erlaubt sein.

Am 12. Dezember 1987 starb die 84-jährige Carola in ihrer Kölner Wohnung an Herzversagen. Schmerzen im Rücken und Ischiasbeschwerden hatten in den vergangenen drei Jahren zur Folge, dass sie immer seltener in der Öffentlichkeit gesehen wurde. Tochter Jeanette war rechtzeitig aus den USA ans Sterbebett der großen Zirkusdame gekommen.

Am Vormittag des 19. Dezember 1987 wurde Carola Williams auf dem Friedhof Melaten neben ihrem Ehemann Harry und ihrem Sohn Alfons zur letzten Ruhe gebettet. Ich zitiere aus einem Nachruf von Reiner Kissels: „Bei aller Trauer kann ein Begräbnis auch etwas Tröstendes haben. Wenn man sich klarmacht, dass weit über 700 Trauergäste sie auf ihrem letzten Weg begleiteten, für die Carola Williams in irgendeiner Form bedeutsam war, so liegt der Trost darin, dass auch hier noch einmal der Sinn und die Erfüllung ihres Lebens zeigen. Vielen hat sie geholfen, Anregungen gegeben, Unzählige hat sie durch ihren Zirkus erfreut, endlos wären die Gründe, die Sinn und Erfüllung eines solchen Menschenlebens ausmachen.

Mit der Namensgebung „Carola Williams-Park" wird das Andenken an diese großartige Frau in Köln und darüber hinaus bewahrt.

Dem dunklen Eichensarg folgten zunächst ihre Angehörigen, darunter ihre Tochter Jeanette, ihr Sohn Holdy Barlay, ihr Adoptivsohn Günther Gebel-Williams, ihre Schwester Helene, ihr Bruder Adolf Althoff und Peter Mandel, ihr langjähriger Sekretär, der sie bis zuletzt betreut hat. Viele bedeutende Zirkusdirektoren aus dem In- und Ausland, aus der Schweiz, aus Italien, aus Schweden, aus Österreich, aus Frankreich, aus den USA und aus Spanien waren persönlich anwesend. Viele ehemalige Angestellte des Circus Williams vom Chefelektriker über den Stallmeister zum Pressechef, Vertreter der Stadt Köln und der Ehrenpräsident des Festkomitees Ferdi Leisten, WDR-Redakteur Wilhelm Christopherie, viele Zirkusfreunde und Bekannte der Verstorbenen begleiteten ihren Sarg. Die Trauerhalle konnte nicht alle fassen. Zirkus-Seelsorger Pater Schönig würdigte ihr Leben aus christlicher Sicht: „Lassen wir sie in Frieden ruhen, in der Gewissheit, dass der von ihr geliebte Zirkus weiterlebt."

„Ohne sie wäre Köln um eine große Persönlichkeit ärmer. Sie hat als Frau ihren Mann gestanden" – so schließt der Chronist ihr Lebensbild.

Mit der Namenswidmung „Carola-Williams-Park" wird das Andenken an diese großartige Frau in Köln und darüber hinaus nun bewahrt. Gönnen Sie sich einen Spaziergang durch den „Carola-Williams-Park", verweilen Sie ein paar Minuten an der Erinnerungs-Stele für den Williamsbau. Und nur wenige Schritte weiter – auf Melaten – finden Sie die Grabstätte von Harry und Carola Williams.

Jeanette – Caroline – Dominik:
die nächsten Generationen

Carolas Tochter Jeanette Williams, die 1968 mit dem ganzen Circus nach Übersee „gedampft" war, blieb in den USA und arbeitete jahrelang erfolgreich bei „Ringling". Von 1991 bis 1993 reiste sie eigenständig als „German National Circus Williams-Althoff" in den Vereinigten Staaten. Des Weiteren war Jeanette Williams aktiv am Aufbau des Zuchtprogramms für weiße Tiger und Löwen im Safaripark Stukenbrock beteiligt und half bei der Gründung eines Gepardenzuchtprogrammes in den USA. Heute betreibt sie eine erfolgreiche Künstleragentur mit Zeltverleih in Sarrasota, Florida.

Jeanettes Tochter Caroline kam im Alter von fünf Monaten mit ihrer Mutter in die Staaten und ist heute eine anerkannte und ausgezeichnete Pferdedressur Ausbilderin. Sie wurde in Warendorf, Deutschland, ausgebildet und arbeitete jahrelang für verschiedene Zirkusse und Shows in den USA und Deutschland, u.a. in Franz Althoffs Pferde Palast. Mit der Geburt ihres Sohnes Dominik Williams am 1. September 2007 wird die Williams-Linie auch im 21. Jahrhundert weitergeführt. Stolz trägt Dominik das mit seinem Namen beflockte Trikot des 1.FC Köln, das ihm Axel Molinski, Geschäftsführer der Volksbühne am Rudolfplatz, nach USA geschickt hatte, weil es dem jungen Mann bei seinem Köln-Besuch am 6. Mai 2018 so gut gefallen hatte.

Der Name Williams tauchte noch einmal in der deutschen Zirkuslandschaft auf, als Franz Althoff, ein Neffe von Carola Williams, 1976 seinen Circus Williams-Althoff aus der Taufe hob. Der Circus bestach durch hochmoderne Technik und setze mit dem Gebrauch von Containern auf logistische Innovationen. Einige Jahre reiste man als „Moskauer Staatscircus", bevor 1996 der Circusbetrieb eingestellt wurde. Von 1996 bis 2004 firmierte man als „Franz Althoff's Pferde Palast" und präsentierte Pferdemusicals.

Carolas Tochter Jeanette Williams mit Carolas Enkeltochter Caroline, die wie schon ihre Mutter und ihre Großmutter eine herausragende Dressur-Reiterin ist

Jeanette Williams, Caroline Williams und Carolines Sohn Dominik Williams mit Reinold Louis, der im Millowitsch-Theater einen Film über Carola Williams und den Circus Williams zeigte und zusammen mit Wolfgang Oelsner die Veranstaltung moderierte.

Übergabe der Stele an die Bevölkerung am 6. Mai 2018. Hennes VIII. – das Maskottchen des 1. FC Köln – ist auch dabei.

Ein Beitrag zur Kölner Erinnerungskultur
Impuls in der Hauptstadt und eine Kindheitserinnerung

Es klingt komisch, war aber so: der letzte Anstoß zur Aktion kam in Berlin. Im Stadtteil Steglitz steht der „Titania-Palast", heute ein Kino- und Einkaufszentrum. An seiner Außenfassade ist eine der für Berlin typischen Gedenktafeln angebracht. Im Frühjahr 2013 sah ich sie und las:

Am 26.5 1945 ein Sinfoniekonzert? Das war ja zweieinhalb Wochen nach der Kapitulation! Es muss den Überlebenden in der zur Unkenntlichkeit zerschossenen Hauptstadt viel bedeutet haben, ein Konzert zu erleben. Aus den entlegensten Bezirken hatten sie sich aufgemacht, für manche war es ein Tagesmarsch. Wer gut dran war, hatte noch Schuhsohlen unter den Füßen, ganz Glückliche kamen auf zwei Rädern an. Verkehrsnetz, Strom- und Wasserleitungen lagen danieder. Unzerstört aber war die Sehnsucht nach Kultur geblieben. Fliegeralarm, Artilleriebeschuss, MG-Salven hatten noch nicht so taub gemacht, Kriegserlebnisse noch nicht so verroht, dass Ohren und Herzen sich öffnen wollten für den „Sommernachtstraum". Mit dessen Ouvertüre von Felix Mendelssohn Bartholdy – als Jude war er zwölf Jahre lang verfemt – begann der legendäre musikalische Neubeginn. Mozarts „A-Dur Violinkonzert" und Tschaikowskys „Vierte Symphonie" folgten.

Das Zentrum Berliner Kulturlebens hatte sich im ersten Nachkriegsjahrzehnt nach Süden verlagert, nach Steglitz, in den nahezu unversehrt gebliebenen Titania Palast an der Schlossstraße. Theater, Oper, Varieté, Kino waren hier ebenso zu Hause wie Konzert. Mit 2000 Besucherplätzen wurde der „Palast" auch Schauplatz von Großveranstaltungen, 1951 war er die Hauptspielstätte der ersten Berliner Filmfestspiele. Mit der Operettenpremiere „Die Fledermaus" endete 1965 seine Bühnenära. Zwei Jahre zuvor hatten die Berliner Philharmoniker in der neu erbauten Philharmonie ihr Domizil der neuen Zeit gefunden.

Gab es in Köln Vergleichbares? Einen Veranstaltungsort, der der Sehnsucht nach Unterhaltung, nach Kultur und Geselligkeit eine Adresse gab? Von meinem Vater wusste ich, dass er als Musiker öfters zum Williamsbau bestellt worden war. Der Name ging ihm wie selbstverständlich über die Lippen, auch anderen seiner Generation. Aber wir Kinder der ersten Nachkriegsjahrgänge waren für das, was dort geboten wurde noch zu klein, als dass sich Erinnerungen im Bewusstsein hätten einnisten können. Von den Erwachsenen kam nicht viel. Sie konnten sich wohl nicht vorstellen, dass ihre Vergnügungsstätte den Nachgeborenen mal interessant erscheinen könnte. Sie wollten leben, nicht betrachten. Zeitzeugen ist das Zeitgeschehen nun mal selbstverständlich.

Tagesgeschehen setzt sich kaum in der Erinnerung eines Kindes fest. Aber für große Kontraste ist es empfänglich. Und ein Kontrast war es, wenn mein Vater vom Glanz des großen Köln etwas in unsere zwangszugewiesene Einzimmerwohnung nach Opladen mitbrachte. (Die

Behörden damals wiesen Wohnungslose in noch intakte Gebäude als „Untermieter" ein.) Wie Musikanten zu allen Zeiten bediente sich mein Vater am Ende einer Veranstaltung der Überreste von den „gedeckten Tischen der Herren". Wenn er als Instrumentalist in den angesagten Kölner Kapellen im Williamsbau aufgespielt hatte, brachte er ab und zu was mit. Aus der Bühnendekoration gab es Blumen für die Mutter, Luftschlangen und Liederheftchen zum Bekritzeln für mich.

Flitter und Glimmer
Boten aus der „Anderswelt"

Es waren Boten aus der „Anderswelt", einer Welt von Licht, Glimmer, die die Enge unserer zugeteilten 20 Quadratmeter in fremder Leute Wohnung weiteten. Die ärmlichen Mitbringsel mutierten zu Devotionalien, und es schien, als klängen in den dekorativen Überbleibseln die Melodien weiter, denen sie am Vorabend Kulisse waren. Sie nährten die Hoffnung auf eine bessere Zeit. Zeiten, von denen August Schnorrenberg im Lied „Am Dom zo Kölle" (1946) die Domglocken künden ließ: „Se loße uns ahne, wat fän litt un wick." Je grauer das Umfeld, umso mehr beflügelt ein Flitterfetzen die Vision einer wieder intakten Stadt. Und einer Behausung, in der nicht jede Schüssel Wasser „eine Treppe tiefer" zu holen ist.

Auch in Köln hatte die Anderswelt ihren topografischen Fixpunkt. Er lag auf der grünen Wiese. Das Gebäude auf ihr ist längst verschwunden, die Wiese ist immer noch Wiese. Hunderte Male bin ich auf dem Nachhauseweg von der Stadt aus – seit fast 50 Jahren lebe ich im Kölner Westen – an ihr vorbei geradelt. Nur gelegentlich kam mir in den Sinn, dass hier einst der Williamsbau gestanden haben musste. Vielleicht zeichnet der ovale Baumbestand das Areal noch nach?

Und dann kam meine Bekanntschaft mit der Berliner Gedenktafel. Vielleicht findet historisches Geschehen fern der Heimat eher Zugang zu unserer Vorstellung. Jedenfalls sprach nicht nur der Text der Tafel zu mir. Ich sah hinter den Wörtern ausgemergelte Gesichter dem Titaniapalast zustreben, erschöpft und erwartungsfroh. Es war eine Imagination von exemplarischer Intensität. Denn fortan waren mir Szenen der Nachkriegszeit auch am Aachener Weiher präsent. Mein Blick vom Fahrradweg auf die riesige Wiese zwischen Aachener und Vogelsanger Straße war nun ein anderer. Ja, hier war mal ein Energiezentrum Kölner Nachkriegskultur. Hier stand mal der Williamsbau.

Philharmoniker allerdings waren hier nicht zu Hause. Das Kölner Gürzenichorchester fand in der Aula der Universität sein Ausweichquartier. Doch viele Veranstaltungsformate im Williamsbau und im Titania Palast waren ähnlich. Operette wurde gespielt, auch Varietéprogramme gab es in beiden Häusern. 2000 Besucherplätze in Berlin, über 2000 in Köln waren attraktiv für Großkundgebungen. Politikgrößen wie Konrad Adenauer und Bühnenstars wie Zarah Leander und Louis Armstrong waren Gäste hier wie dort. Beide Häuser waren Zentren der Populärkultur ihrer Stadt.

Aber ist populäre, unterhaltende Kultur denkmalwürdig? Gäbe es die Berliner Plakette überhaupt, wenn nicht die Philharmoniker das Nachkriegsprogramm eröffnet hätten? Nur von ihnen, dem Klangkörper der Hochkultur, und vom Aushängeschild der Wissenschaft, der Universität, erzählt die Gedenktafel. Von keiner Operette, keinem Varieté, von keinem bunten Abend ist zu lesen. Märchenspiele für Kinder bleiben ebenso ungenannt wie die „Hausfrauennachmittage", Jazzkonzerte, Filmvorführungen. All diese Formate gab es – in Berlin und Köln und an vielen anderen Orten der zerbrochenen Nation, die sich noch keinen Namen geben konnte.

Hat mal jemand erforscht, welcher Energieschub in schweren Zeiten von populärer Kunst ausgehen kann? Also von dem, was mehr verschämt als respektvoll „Unterhaltung" genannt wird. Und dann gibt es ja noch diesen Kölner Sonderfall: Karneval! Was hat der im Kulturbereich zu melden?

Kann die Wissenschaft die Wirkung von Mozarts „Cosi fan tutte" mit jener von Berbuers Trizonesiensong forschend vergleichen? Die es erlebt haben, brauchen nichts zu erforschen. Sie haben gespürt, dass sie Lebenskraft auch aus einer Kultur zogen, die nicht das „Hoch"-Etikett trägt. Eine Unterhaltungskultur, die nötig war wie das tägliche Brot, brudnüdig.

Genau in Sichtachse zum einstigen Williamsbaus (jenseits des Weihers auf der Baumlichtung) steht die von Kölner Bürgern gestiftete Skulptur „Uralte Form" des Bildhauers Lajos Barta. Die 1985 vom Architekten Peter Busmann ausgehende Initiative wählte bewusst einen „Trümmerhügel" als deren Standort.

Die Bilder im Kopf machten die von Gras bewachsene Freifläche zum magischen Ort. Der genius loci wurde Zeitzeuge seiner selbst. Möge er der jetzigen und noch späteren Generationen von sich erzählen. Und von der Energie, die sich auf diesem Stück Rasenfläche einst bündelte. Eine Energie, die Menschen zu allen Zeiten brauchen werden. In schwierigen Zeiten ganz besonders.

Ein eingespieltes Duo wird zum Quartett

Spätestens jetzt muss von der zweiten Säule der Aktion die Rede sein: Reinold Louis. Seit Jahren schon steht er in Korrespondenz mit Carola Williams' Tochter Jeanette in USA. Ich wusste von seiner hohen Wertschätzung der Prinzipalin Carola Williams und von seiner Leidenschaft, die Geschichte ihrer Zirkusdynastie zu erforschen. Im Sessionsbuch der Großen Kölner KG hatte er darüber bereits berichtet. Und schon des Öfteren hatten wir gemeint, der Williamsbau dürfe nicht in Vergessenheit geraten. Aber über ein „Man müsste mal ..." kamen wir nicht hinaus. Nun aber war ein Funke entfacht. Und ähnlich wie bei unserer gemeinsamen Aktion zur Erhaltung der Grabstelle von August Schnorrenberg zehn Jahre zuvor brauchte es nur ein „Nicken am Telefon" und das Duo Louis/Oelsner war startklar für die „Aktion Gedenkstele Williamsbau".

Viele Male hatte ich erlebt, wie Reinold in Vorträgen über jene Zeit das Publikum in die Aura jener Nachkriegsjahre mitnehmen kann, wie er von der Sogwirkung zu erzählen weiß, mit der die ausgemergelten Menschen jener Vergnügungsstätte am Aachener Weiher zuströmten. In der musikalischen Nachkriegsrevue „Usjebomb" mit den Bläck Fööss hatte er medial ein Millionenpublikum mit dem Liedgut jener Zeit bekannt gemacht. Es waren für ihn ganz offensichtlich prägende Jahre, und gäbe es einen Tabernakel für weltliche Reliquien, dann läge bei Reinold dort heute noch eine jener Kamellen drin, die ihm, dem verschüchterten Quos am Stroßerand, von einem Roten Funken beim legendären Kinderzug 1948 in die Hand gedrückt worden waren.

Waren meine Erinnerungen als 1949er Jahrgang zwangsläufig vom Hören und Sagen geprägt, war mit Reinold, Jahrgang 1940, nun jemand mit im Boot, der als Zweitklässler aus der Schule Loreleystraße mit Lehrer Haller selber noch bei „Peterchens Mondfahrt" auf den Bänken des

Zirkusovals gesessen hatte. Und später, als er nach einem Umzug der Familie von der Elsaßstraße nach Bickendorf der Faszination der großen Wiese noch ein Stück nähergekommen war, lockte ihn auf deren Nordteil zum Westbahnhof hin der Hubschrauber-Landeplatz der belgischen „Sabena". Auf der Südseite zog ihn das Gewusel der Zirkusleute an. Gucken, hören, schnuppern, nah dran sein. „Mehr war damals nicht drin", sagt er, „und eines Tages war plötzlich alles weg."

Zornig machte ihn Jahre später, dass die einschlägigen Köln-Lexika diesen Hotspot gesellschaftlichen Nachkriegslebens ignorieren. Ebenso den Tazzelwurm an der Zülpicher Straße und das Military Government Theater in der Annostraße. Allesamt waren sie bedeutende Spielstätten im sich wieder aufrichtenden Köln. In seinem Buch „Aufgebaut" holte Reinold sie ins öffentliche Gedächtnis zurück. Auch unsere „Stele" sollte ein Akt der Erinnerungskultur werden.

Wir beide waren also entschlossen. Doch wie nun vorgehen? Schließlich kann nicht jeder nach Belieben im öffentlichen Raum Gedenkstelen errichten, möge das Anliegen noch so ehrenwert sein. Und wo anpacken, wenn keiner über direkte Kontakte zu Rathaus oder Stadtverwaltung verfügt? Hilfreiche Tipps kamen vom Präsidenten der Großen Kölner, Dr. Joachim Wüst, und vom Geschäftsführer der „SK Stiftung Kultur", Prof. Hans-Georg Bögner.

Und dann sprachen wir die „Freunde und Förderer des kölnischen Brauchtums" an. Das Aufgabenprofil dieses Vereins war prädestiniert für unser Anliegen. Ihn zu gewinnen brauchte es keiner besonderen Überzeugungskunst. Im Nu waren dessen Vorsitzender Bernhard Conin und Geschäftsführer Dr. Michael Euler-Schmidt für unsere Aktion gewonnen. Mit der Rückendeckung durch dieses angesehenes Gremium der Bürgerschaft wuchs nun unsere Stoßkraft im Kontakt zur Stadt.

Sichtbar machte sich das neue Quartett am 7. Mai 2014 im Kölner Stadtmuseum. Dort referierten Reinold Louis und Wolfgang Oelsner vor den Freunden und Förderern über das, was sie über den Williamsbau wussten, und was sie vorhatten, um ihn im Kölner Gedächtnis zu bewahren. Die Mitglieder waren von den Informationen und kleinen Filmeinspielungen so begeistert, dass sie sich geschlossen hinter die Aktion „Gedenkstele Williamsbau" stellten. Spontan bekundeten sie ihre Sympathie mit einer ersten Spendensammlung, die – vom Vorstand zur kölschen Summe aufgestockt – ermutigende 1111 € ergab.

Nun wurde die Aktion von vier Säulen getragen. Und damit gab es auch eine Kontoverbindung, die potentiellen Unterstützern empfohlen werden konnte. Denn kleinere Beträge hatten sich schon eingefunden, nachdem wir bei unseren diversen Aktivitäten, bei Vorträgen oder Führungen über die Pläne berichtet hatten. Beim Verein der Brauchtumsfreunde konnte jetzt treuhänderisch ein Konto für Spendenzugänge mit dem Stichwort „Williamsbau" geführt werden. Ein vom Verein professionell gestalteter Flyer sorgte für Verbreitung der Idee.

Politik und Verwaltung werden Verbündete

Mögen die Strukturen einer Verwaltung auch zäh und oft bremsend sein, so erlebten wir ihre handelnden Personen als ausgesprochen engagiert, mitdenkend und unterstützend. Vom stellvertretenden Leiter des Amts für Landschaftspflege und Grünflächen, Herrn Dr. Bauer, kamen hilfreiche Auskünfte, welche verwaltungsinternen Aspekte und Wege zu berücksichtigen seien. Skeptisch war die Einschätzung des Stadtplanungsamt hinsichtlich „zusätzlicher Kunstobjekte im öffentlichen Raum". Denn ein als Kunstwerk deklariertes Erinnerungsobjekt müsste zustimmungspflichtige Gremien passieren. Das bedeutete lang dauernde Wege mit unwägbarem Ausgang. Einer Gedenktafel, Bronzeplakette, einer Stele oder einem Schild stünden solche Hürden nicht im Weg. Darüber könnte die jeweilige Bezirksvertretung entscheiden.

Unter diesem Aspekt war es ein Glücksfall, dass das ehemalige Zirkusareal geografisch so gerade noch im Zuständigkeitsbereich der Bezirksvertretung Innenstadt liegt. Dem stand und steht mit Andreas Hupke seit Jahren ein Bezirksbürgermeister vor, dessen Sympathie dem Theater, dem Zirkus, überhaupt jeglicher Art von Kultur gilt, auch jener, die sich nicht mit der Vorsilbe „Hoch" adelt.

Freundlicherweise berichteten auch die lokalen Printmedien über unser Vorhaben. Das Foto mit der Premierentafel „Czardasfürstin" über dem Eingang bei der Eröffnung des Williamsbaus wurde nun zu einem bekannten Zeitungsmotiv.

Andreas Hupke war von der Idee derart angetan, dass er Reinold Louis und Wolfgang Oelsner nicht nur in die Versammlung der Bezirksvertretung Innenstadt einlud, damit sie dort ihr Anliegen vortrügen, er selber brachte zusätzlich noch den Antrag ein, das gesamte Grünareal zwischen Aachener Straße, Innere Kanalstraße und Vogelsanger Straße umzubenennen in „Carola-Williams-Park". Am 29. Juni 2017, einem der heißesten und schwülsten Tage des Jahres, begründeten wir vor den Bezirksvertreterinnen und Bezirksvertretern den Antrag auf Errichtung einer Gedenkstele. Draußen begleiteten Blitz und Donner unsere Rede. Drinnen herrschte indes einhelliger Sonnenschein: einstimmige Befürwortung der Stele und – wie wir am nächsten Tag erfuhren – hundertprozentige Zustimmung, der bislang namenlosen Grünfläche die Bezeichnung „Carola-Williams-Park" zu geben.

Nicht unerwähnt bleiben soll die Unterstützung durch den Bezirksamtsleiter, Herrn Dr. Ulrich Höver – auch er, wie sich herausstellte, ein Freund jener Unterhaltungskultur, die im Williamsbau beheimatet war. Als Operetten-Kenner half er übrigens, auf der zukünftigen Plakette einen Fehler zu vermeiden, indem er das doppelte „k" im Namen des einstigen Operetten-Stars Marika Rökk im Entwurf korrigierend anmahnte.

Ansonsten blieben die Formalitäten der Verwaltung für uns unsichtbar. Sie räumte im Hintergrund manche Steine aus dem Weg, etwa die historische Unbedenklichkeitsfeststellung, die jeder Straßenwidmung vorausgeht. Es sind Nachrichten wie diese vom 19. 7. 2017, die zum vollständigen Puzzlebild gehören: *„Nach Rückfrage beim zentralen Namensarchiv gebe ich Ihnen gern zu o.g. Thema den aktuellen Zwischenstand: Der Vorgang ist in der Prüfung beim zentralen Namensarchiv. Dazu gehört wie immer auch die Abklärung des Geschichtsbildes. Die in diesem Rahmen erforderliche Auskunft vom Bundesarchiv ist angefordert, ebenso der Vorgang an das NS-Dokumentationszentrum gegeben. Wenn alles geklärt und erledigt ist, wird das Liegenschaftsamt/Namensarchiv wie üblich eine Vorlage in die Bezirksvertretung einbringen."*

Ein schöner, unverhoffter Zusatzeffekt der Initiative für eine Gedenkstele war die Platzbenennung nach der Zirkusprinzipalin.

Der Vorgang wurde geklärt, die Vorlage kam, die Zustimmung blieb. Nun galt es, die Stele konkret in Angriff zu nehmen. Das Vierer-Gremium skizzierte Texte und grafische Attribute, die auf einer Plakette Auskunft über den Williamsbau geben sollten. Maß genommen wurde an der runden Bronzetafel, die am Gürzenich vom G-8-Gipfeltreffen 1999 zeugt. Wo dort umlaufend die Namen der damaligen Regierungschefs zu lesen sind, sollten bei uns die Beispiele für die „leichte Muse", für Operette und Swing sowie Sport und Politik stehen.

Karneval und FC sollten eigene Symbole bekommen. Das Festkomitee-Logo hätte nicht gepasst, denn es sah damals noch etwas anders aus. Vor allem aber hieß der Dachverband der Kölner Jecken bis 1957 noch anders: „Festausschuss" nannte er sich. Mit den Insignien von Prinz, Bauer und Jungfrau sollte auf die Proklamationen als festlichste Veranstaltungen des Kölner Karnevals hingewiesen werden. Auch das FC-Logo war noch nicht das von heute. Zudem konnte es ja erst durch die Idee von Carola Williams, dem jungen Club einen Ziegenbock als Glücksbringer zu schenken, zum heutigen Logo werden. Also sollte Hennes I. auf die Plakette. Im Williamsbau entdeckte er zwar nicht das Licht der Welt, aber seit jenem Abend stehen er und seine Nachfolger im Licht der Öffentlichkeit. Witzbolde meinen übrigens in Anspielung auf den kölschen Begriff „Hipp" für Geiß, seitdem erkläre sich auch der alte Fußballerruf „Hipp, hipp, hurra!"

Handfeste Handwerker

Aus Entwürfen muss irgendwann mal ein endgültiges Modell werden. Das ist Fluch und Segen zugleich. Denn wir hatten mit der Bekanntmachung unserer Aktion einen Stein ins Wasser geworfen, dessen Kreise immer mehr wurden. Immer kam aus einer Ecke noch ein Hinweis, wer im Williamsbau aufgetreten war und was sonst noch alles dort veranstaltet worden war. Die Plakette hätte diese Fülle nicht fassen können. Im Wissen, ohnehin nicht vollständig bleiben zu können, begnügten wir uns mit einer exemplarischen Auswahl jener Informationen, die nun in Bronze gegossen zum Betrachter sprechen.

Es gibt nicht viele Firmen, die sich getrauen, Text und Grafik in einen Bronzeguss umzusetzen. Ewald Kappes traute sich. Üblicherweise hat er in seiner Firma bei der Herstellung von Orden mit wesentlich kleineren Durchmessern und Gewichtsgrößen zu tun. Doch das Ergebnis zeigt, dass er auch ein Vielfaches von Gewicht und Umfang stemmt.

Eine solch schwere Bronzescheibe braucht einen festen Halt. Als weiterer Glücksfall kam da unserer Aktion die Bauunternehmung Brauckmann GmbH entgegen, vor allem die Affinität ihrer Chefs, Thomas und Werner Brauckmann, zum kölnischen Brauchtum. Sie sorgten mit einem Fundament, das fast so tief in den Boden hineinragt, wie die Stele hoch ist, für festen Halt. Und dann muss man von einer feinsten Spende sprechen, wenn man den hellen, feinporigen Sichtbeton aus der Rasenfläche herausragen sieht.

Zu aller Freude sorgte Wochen später das Grünflächenamt der Stadt noch für eine Pflasterung, die vom Gehweg aus zur Stele hin und um sie herumführt. Es ist ein dezentes optisches Angebot an die Passanten, sich der Stele zu nähern und ihren Text zu lesen.

Es wäre leichtgläubig, an diesem Ort nicht mit Vandalismus, zumindest nicht mit Beklebungen oder Farbbesprühung zu rechnen. Eine entsprechende Imprägnierung sollte sein. Dankenswerterweise übernimmt dies unentgeltlich durch die Vermittlung von Dominik Bayartz, 2. Vorsitzender der Brauchtumsförderer, ein Bürger mit Sympathie für unsere regionale Kultur: Rainer Erhardt von der Fa. Pro Urbano GmbH, Köln. Zum „Vorsorgepaket" gehört auch die Beseitigung von Graffitispuren, wenn es dann mal nötig sein sollte.

Solche Formate sind In der Firma „Orden-Kappes" nicht alltäglich. 80 Zentimeter Durchmesser misst die eindrucksvolle Bronzeplakette an der Stele.

Es ist so weit: Sonntag, 6. Mai 2018
Eine Matinee in der „Volksbühne" wird zur „Herzens-Gala"

Am Sonntag, den 6. Mai 2018, war alles zum verabredeten Tag fertig geworden. Vor dem kleinen Festakt auf der Wiese wollten wir in einer Matinee noch einmal an die bewegenden Jahre erinnern, als der Williamsbau für tausende Kölnerinnen und Kölner ein Sehnsuchtsort war. Die Verantwortlichen der Volksbühne stellten uns den ehemaligen Millowitsch-Saal dafür selbstlos zur Verfügung. Wir Moderatoren revanchierten uns dadurch, dass der Erlös aus dem Kartenverkauf den Unterstützervereinen von Volksbühne und Brauchtumsförderern zugute kam. Und alle Interviewgäste zogen hier mit.

Der Vorstandsvorsitzende der „Freien Volksbühne Köln", Professor Hans-Georg Bögner, begrüßte herzlich, und Frau Oberbürgermeisterin Henriette Reker würdigte per Videobotschaft die Aktion zur Kölner Erinnerungskultur. Und dann wurde mit den Eingangsklängen der Band „Rubbel die Katz" das, was der Tageszeit nach eine Matinee war, zu

Eine Matinee ging der Übergabe der Stele voraus. Bilder und Beiträge vieler Gäste ließen die Zeit des Williamsbaus noch einmal lebendig werden.

Als Talkgäste begegnen Jeanette Williams und Tochter Caroline ihrer Vergangenheit. Enkel Dominik staunt.

einer Gala fürs kölsche Herz. Mit der Premiere ihres eigens für den Anlass komponierten Lieds vom „Williamsbau" nahm die Band akustisch alle in jene Zeit mit, die Reinold Louis mit Film- und Fotomaterial optisch auf die Leinwand zauberte. Für die allermeisten der älteren Zuschauer waren es bislang nie gesehene Filmeinspielungen ihrer eigenen Geschichte. „Wo hät dä dat all her?" So wunderten sich die, die den Sammler Louis noch nicht kannten.

Fünfzehn Interviewgäste gaben sich auf der Bühne die Mikrofone in die Hand. (Namentlich sind alle unter den Quellenangaben im Kapitel „Chronik der Veranstaltungen" aufgeführt.) Die Hälfte von ihnen waren tatsächlich noch Zeitzeugen, und die ließen mit ihren ganz persönlichen Erinnerungen das Zeitgemälde lebendig werden. (Im Kapitel „Chronik" sind etliche anekdotenhaft nachzulesen.) Die andere Hälfte bestand aus Vertretern der Rechtsnachfolger der damaligen Gesellschaften, die im Williamsbau ihre Bühne gefunden hatten.

Am weitesten angereist – aus Florida, USA – waren drei Vertreter aus drei Generationen Williams-Nachfahren: Carolas Tochter Jeanette, deren Tochter Caroline sowie deren Sohn Dominik. (Mehr über Tochter, Enkelin, Urenkel von Carola Williams s. Kapitel „Ihr Feld war die Welt".) Jeanette war anzumerken, wie ihr von Minute zu Minute ihre einstige Kölner Zeit präsenter wurde. Tränen der Erinnerung mischten sich mit Tränen der Rührung ob der Ehre für ihre Mutter. Auch Freudentränen gab es beim Wiedersehen eines Großteils der europaweit verstreuten Zirkusfamilie. Etliche Williams, Barlays und weitere Seitenlinien hatten

Die Moderatoren und Initiatoren der Aktion im Gespräch mit heutigen Repräsentanten jener Karnevalsgesellschaften, die einst im Williamsbau feierten.

an diesem Morgen in der Volksbühne ihr kleines Familientreffen. Bernhard Paul, der mit seinem „Circus Roncalli" vor Jahren nicht nur das einstige Williamsinventar gekauft hatte, sondern inzwischen auch auf dem ehemaligen Williams-Winterquartier im Rechtsrheinischen residiert, gehörte natürlich auch zur zirzensischen Großfamilie.

Einen ganz und gar nicht nostalgischen, sondern hoch aktuellen, erfreulichen Nebeneffekt des Besuchs aus den USA wollen wir nicht unerwähnt lassen. Jeanette Williams war mit Tochter und Enkel als Gast der SK Stiftung Kultur im Belgischen Viertel untergebracht. Offenbar werden solche Auslandsaufenthalte seitens der aktuell Regierenden in Washington mit düsteren Warnungen versehen. Man sei sich in Deutschland, speziell in Köln, im öffentlichen Raum seines Lebens nicht ganz sicher.

Nach Rückkehr in Florida schwärmte Mrs. Williams in einer Dankesmail an Reinold Louis und Wolfgang Oelsner nicht nur von Köln und „The Glory of the Day". Sie konnte sich auch diese Bemerkung nicht verkneifen: „We have here on the news always so many bad news about the invasion of foreigners in Germany, as you hear about the very dangerous high wire act our President performs, very scary. I did not had the feeling at all, that there was an overtaking in progress, we were at the Hauptbahnhof and Taxi and the hotel area in the night, we even went to play billiard with Dominik one evening. It was not weird at all." („Wir haben hier in den Nachrichten immer so schlechte Meldungen über die Invasion von Ausländern in Deutschland, wie man das vom sehr gefährlichen Hochseilakt unseres Präsidenten hört, sehr schaurig. Ich hatte überhaupt nicht das Gefühl, dass Übergriffe zunehmen. Wir waren am Hauptbahnhof, am Taxi und in der Umgebung des Hotels in der Nacht. Wir gingen mit Dominik einen Abend sogar Billard spielen, es war in keiner Weise unheimlich.")

Schauspielerin Lotti Krekel trat als Kind im Williamsbau auf. Sie war eine Elfe in „Peterchens Mondfahrt".

Festkomitee-Präsident Christoph Kuckelkorn und Vizepäsident Dr. Joachim Wüst (links) lauschen den Erzählungen der Zeitzeugen (v.r.) Biggi Fahnenschreiber, Walter Thelen, Wilfried Wolters, Ludwig Sebus.

Der Sohn des ehemaligen Bevollmächtigten von Carola Williams, J.H. Wozniak, Schauspielerin Lotti Krekel und Historiker Dr. Martin Stankowski im Gespräch mit den Moderatoren. Links im Hintergrund Mitglieder der Band „Rubbel die Katz".

Rote Funken Präsident Heinz Günther Hunold überreichte den Williams-Damen Blumen und Orden.

Heutige Repräsentanten kommentieren das Zeitgeschehen ihrer Gesellschaften: V.l.n.r.: Dr. Joachim Wüst (Präsident Große Kölner), Ewald Kappes (Präsident Lyskircher Junge), Oskar Hamacher (General bei den Roten Funken und Sohn deren einstigen Präsidenten Eberhard Hamacher), Hans Kölschbach (Präsident Altstädter), Curt Rehfus (Kommandant der EhrenGarde der Stadt Köln).

Enthüllungen auf grüner Wiese mit Cheerleader, Geißbock un Sunnesching

Die Gäste der Volksbühne wurden beim Verlassen des Hauses geradezu „höfisch" in Empfang genommen. Die Fahnen der „Plaggeköpp" und die charmanten Cheerleader des 1. FC Köln bildeten ein optisch beeindruckendes, unvermutetes Spalier. Und als dieser Mini-Zoch sich nun über die Aachener Straße stadtauswärts in Bewegung setzte, da wussten die Gäste auf der beliebten Outdoor-Restaurantmeile zwar nicht, um was es ging. Aber ein Lächeln stand allen ins Gesicht geschrieben.

Kurz nach der Bahnunterführung war der erste Halt bei „Rot-Weiß". Für Bezirksbürgermeister Andreas Hupke, den ehemaligen Theatermann, musste es eine rot-weiße Kölner Fahne sein, mit der er verhüllt hatte, was er nach kleiner Ansprache der Öffentlichkeit präsentieren wollte. Mit sichtbarer Freude zog er das Tuch ab, und beklatscht wurde das, wofür er sich sehr eingesetzt hatte: Kölns jüngste Platzbenennung in „Carola-Williams-Platz". Damit ist nun das Areal um den ehemaligen Standort des Williamsbaus benannt. Ein Park riesigen Ausmaßes.

Dreißig Schritte weiter sollte die nächste Hülle fallen. Es war die Aufgabe Dominiks, Carolas zehnjährigem Ur-Enkel, mit einem kräftigen Ruck den Blick auf die im Sonnenlicht glänzende Stele freizugeben. Vor dem Applaus auch hier freundliche Worte. Dieses Mal von Bernhard Conin, dem Vorsitzenden des Vereins der Freunde und Förderer des Kölschen Brauchtums, bei dem die logistischen Fäden zusammengelaufen waren. Der hatte auch eigens jenes präzise gearbeitete Modell des Williamsbaus

Noch verbirgt eine Kölner Fahne, nach wem die riesige Parkfläche im Inneren Grüngürtel ab nun benannt ist.

Bezirksbürgermeister Andreas Hupke (links) enthüllte das Straßenschild mit dem Schriftzug der Namenspatin. Roncalli-Chef Bernhard Paul freut sich mit Carola Williams' Tochter Jeanette, Enkelin Caroline und Urenkel Dominik.

Charmante Cheerleader ...

... und eine Abordnung der „Plaggeköpp" empfingen die Gäste der Matinee und geleiteten sie zum Festakt im Inneren Grüngürtel.

Erstmals konnte das Model von Walter Thelen am Ort des einstigen Originals bestaunt werden.

von Siegburg nach Köln holen lassen, das allen eine gute Vorstellung vom einstigen Ovalbau gab. Sein Schöpfer Walter Thelen erzählte bereitwillig von der Liebe zum Zirkus und Familie Williams, die er von Jugend an hegt.

Als dann die Tänzerinnen der FC-Cheerleader auf sattgrünem Rasen, von der Sonne beschienen mit ihren virtuosen Tänzen erfreuten und Geißbock „Hennes VIII" seine Köttel genau auf jener Wiese fallen ließ, auf der einst Urahn Hennes I. gegrast hatte, war alle Mühe vergessen.

Drei Nachfolgegenerationen von Harry und Carola Williams kamen zu den Feierlichkeiten eigens aus Florida zum Festakt nach Köln: Jeanette Williams (rechts), Tochter von Carola Williams, führt in den USA eine eigene Entertainment- und Circus-Agentur, Enkelin Caroline (links) ist eine erfolgreiche Dressurreiterin und Urenkel Dominik.

Der zehnjährige Urenkel Dominik, flankiert von Mutter Caroline und Oma Jeanette Williams, enthüllt die Gedenkstele. Bernhard Conin, Vorsitzender der „Brauchtumsfreunde" und die Initiatoren freuen sich über das Ergebnis ihrer Bemühungen.

Mit atemberaubender Choreografie auf grüner Wiese bezauberten die Cheerleader des 1. FC Köln die Festgesellschaft.

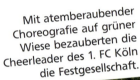

Gruppenbild mit Hennes VIII. An gleicher Stelle avancierte sein Urahn 1950 zum Maskottchen des 1. FC Köln.

Nie abgeschlossene Geschichte

Und dann kam ein Vierteljahr später doch noch ein kleiner Schock, der eine Nachbehandlung der Plakette nötig machen wird. Nein, es war nicht der befürchtete erste Graffiti-Angriff auf die Plakette. Die „Attacke" kam aus unseren eigenen Reihen, aus unserer Vorbereitung für dieses Buch. Wir hatten nicht aufgepasst. Besser gesagt: Wir waren nicht kritisch genug und hatten als Fakten übernommen, was seit Jahren als Fakt galt und auch so gesagt und gedruckt weitergegeben wurde. Wo überall, wollen wir hier gar nicht sagen. Das sähe nach billigem Herausreden aus. Nein, leider müssen wir bekennen, im Eifer für unsere Aktion den Grundsatz vernachlässigt zu haben, Daten durch mehrere Quelle abzusichern. Und als Datum galt bislang, dass mit dem Williamsbau nach der Session 1955 Schluss war.[19]

Wir suchten nach möglichen Pressefotos vom Abriss des Baus und wurden beim Durchforsten der Kölner Tagespresse stutzig, dass wir nach Aschermittwoch 1955 nicht fündig wurden. Bekannt war, dass im Williamsbau vor Abriss noch Filme gedreht wurden. Doch irgendwann im Spätsommer, Herbst hätte ja mal was von seinem Abriss stehen können. Wir recherchierten also in 1956 weiter. Und da traf uns der Schlag: Wir lasen von einer erneut glanzvollen Proklamation im Williamsbau! *„Für die Prinzenproklamation ist zum letzten Male der Williamsbau gewählt worden. Denn es besteht die Absicht, das Gelände von den Aufbauten frei zu machen und zur Kölner Bundesgartenschau im Jahre 1957 in den Grüngürtel wie ehedem einzubeziehen."* So klar und nüchtern stand es am Tag der 56er Proklamation, am 1. Februar, im Kölner Stadt-Anzeiger. Am 2. 2. 1956 gab es den Beweis samt Foto, schwarz auf weiß gedruckt: „Sinfonie der Farben und Freuden im Williamsbau" war dort über den Festakt vom Vorabend zu lesen.

Es nützt nun alles nichts. Fehler einzugestehen ist unangenehm, sie zu vertuschen aber wäre unredlich. Irgendwann also wird die „5" auf der Plakette mal in eine „6" ausgebessert werden müssen. Und ein kleines Augenzwinkern bleibt uns ja auch. Der jahrelangen Weitergabe eines Fehlers sind wir zwar auf den Leim gegangen. Aufgedeckt haben wir ihn aber auch. Ein halbes Jahr früher wäre allerdings besser gewesen.

---

[19] *Als nur ein Beispiel, welch abstruse Geschichten über den Williamsbau kursieren, sei dieser Satz aus einer vom Presse- und Informationsamt der Stadt Köln 1994 herausgegebenen Publikation zitiert:* „ *... im Williamsbau an der Aachener Straße, einem festen Zeltbau des Kölner Zirkus Williams, der den Krieg überstanden hatte. ..."* (S. 26)

Die Autoren

Reinold Louis, 1940 im Kölner Vringsveedel geboren und aufgewachsen, Sparkassen-Betriebswirt, hat von Kind an die Geschichte seiner Stadt, ihrer Bewohner und deren Lieder erforscht und über Rundfunk und TV sowie in zahlreichem Schrifttum publiziert. Der Landschaftsverband Rheinland zeichnete ihn mit dem Rheinlandtaler aus, er ist u.a. Kulturpreisträger der Deutschen Fastnacht, Inhaber der goldenen Ostermann-Medaille, der Millowitsch-Medaille, des KölnLiteraturpreises 2000 sowie weiterer Auszeichnungen und Ehrungen.

Wolfgang Oelsner, geb. 1949, Pädagoge und Jugendpsychotherapeut, verfasste neben pädagogischen und psychologischen Fachpublikationen zahlreiche Beiträge zu Karneval und Brauchtum. Im Marzellen Verlag ist er Herausgeber der „Edition Narrengilde". Auszeichnungen u.a.: Kulturpreis der Deutschen Fastnacht, Millowitsch-Medaille des Festkomitees Kölner Karneval.

Bildnachweis

Die Autoren und der Verlag danken allen Bildgebern, die für die Unterstützung dieser Publikation großzügig Grafik- und Bildmaterial zur Verfügung gestellt haben. Trotz intensiver Bemühungen war es in Einzelfällen nicht möglich, die Rechteinhaber zu ermitteln. Berechtigte Ansprüche werden selbstverständlich im Rahmen der üblichen Vereinbarungen abgegolten.

Herzlicher Dank an Matthias Schumacher, der uns das Archiv des „Festkomitee des Kölner Karnevals von 1823 e.V." öffnete.

Umschlagseiten (Vorsatz / Nachsatz)
Archiv Reinold Louis

Einleitung
Archiv Reinold Louis
Seiten 10/11, Seite 12

Kapitel I: Neubeginn im Trümmerschutt
Wolfgang Oelsner: Seiten 15, 22/23
Joachim Bauer: Seite 25
Archiv Reinold Louis: Seiten 18, 29 oben
Archiv Festkomitee Kölner Karneval von 1823 e.V.: Seite 29 unten, Seite 33 unten und oben

Kapitel II: Veranstaltungen im Williamsbau 1947 – 1956
Archiv Reinold Louis: Die Fotos und Abbildungen wurden über Jahre zusammengetragen. Sofern bekannt, habe ich die Quelle bzw. ggf. Inhaber der Originale in Klammern gesetzt. Dies ist jedoch nicht immer gleichbedeutend mit einer Urheberschaft. Nicht alle Urheber bzw. Rechteinhaber konnten ermittelt werden. Die Farbfotos (Originale) von der Kappenfahrt 1949 erhielt ich – neben weiteren Fotos – von einem Fotografen, der nicht namentlich genannt werden möchte.
Seiten: 39 (Thelen), 42 (Küßhauer), 46, 47 oben (Rote Funken), 49 oben (Ehrengarde), 49 unten (Ehrengarde), 52, 53 (Rote Funken), 55 (Rote Funken), 56, 57, 59, 63 (Küßhauer), 64, 67 (2), 68 (Ehrengarde), 71, 76 (Jeanette Williams), 91 (3), 97 (Neue Illustrierte), 99 oben Inge Becker, 99 unten (Neue Illustrierte), 105 (2) (Muuzemändelcher), 106 (Kölnische Rundschau), 113 (Biggi Fahnenschreiber), 118 (Kölnische Rundschau), 119, 120 oben, 120 unten, 126, 129 (Küßhauer)

Archiv Festkomitee Kölner Karneval von 1823 e.V.: Seite 43, Seite 47 unten, Seite 50, Seite 65 (aus: Kölnische Rundschau), Seite 69, 82, 84 (2), 89, 95, 102, 103, 121 (aus: Kölnische Rundschau), 126, 131, 132, 133, 137 (aus: Kölner Stadt-Anzeiger)
Sammlung Louis der Kreissparkasse Köln (im Museum/Archiv des „Festkomitee Kölner Karneval von 1823 e.V."):
Seiten 73, 77, 78, 80, 110 (2), 117, 125 (2).

Kapitel III: Carola Williams – Die Welt war ihr Feld
Archiv Reinold Louis: Die nachstehenden Fotos stellte **Jeanette Williams** zur Verfügung. Die Namen der Fotografen sind nicht festzustellen: Seiten 142, 145 (2), 146 (2), 147, Seiten 148/49 (Neue Illustrierte), 149, 150, 151, 152, 153, 155 (3), 157 (2), 159 (2), 159 unten (Tewes).
Sammlung Louis der Kreissparkasse Köln (im Museum/Archiv des „Festkomitee Kölner Karneval von 1823 e.V."):
Seiten 143, 148 unten

Kapitel IV: Die Stele auf der grünen Wiese
Wolfgang Oelsner: Seiten 161, 164
Frank Tewes: Seiten 175 Mitte links, 175 unten, 183 (2)
Joachim Badura: Seiten 160, 171, 173, 174, 175 oben rechts, 178 (3), 180 oben und Mitte, 180 (2), 181
Renate Franz: Seite 169, Fotos von Präsident Hunold und Lotti Krekel auf Seite 175, Seiten 176, 177, 179, 180 oben und Mitte